脑科学×心理学

开启孩子干劲的开关

立竿见影的父母话术
激发孩子的内驱力

[日]铃木飒人 著
陈 静 译

中国民族文化出版社
北 京

卷首语

最近孩子总是爱说“办不到”“我不会”……

我们很想激发孩子的积极性，却不知道该如何对他们说……

肯定不少父母有类似的烦恼吧！

而我认为调动孩子积极性的关键点就在于揭开“自我限定的盖子”。

“这是理所当然的！”

“那种事绝对不可能！”

“我怎么可能会？”

当孩子说出类似的语句时，“自我限定的盖子”正盖得严严实实。

我们平常很难意识“自我限定的盖子”的存在。它深深扎根在人的潜意识里，是非常棘手又无法轻易去除的东西。

但，“自我限定的盖子”也会因为某种契机而“吧嗒”一声剥离下来。

我现在主要从事运动员心理辅导的工作，辅导对象包括专业运动员、业余运动员，甚至是中小学生等。

在我的身边不乏去掉“自我限定的盖子”而让自己大放异彩的人——有经过三个月心理辅导冲上日本第一的柔道选手，也有在半程马拉松中比自己最高纪录缩短近一分钟的田径运动员，还有大学四年级时刷新高中以来最高纪录的游泳运动员……

就连我自己，也是去掉“自我限定的盖子”的其中一个。

过去在公司里工作的那段时间，因为过度劳累身心俱疲，我患上了抑郁症。

但我通过努力摆正了自己对外物的理解方式，以及自己臆想的错误世界观（也就是所谓的“自我限定的盖子”），最终没有使用药物就摆脱了抑郁症。

孩子身上“自我限定的盖子”实际上受周围环境影响很大。

如果父母总是给孩子传递“这是理所当然的”“那种事情绝对不可能”“我怎么可能会”等这些消极思想，孩子身上“自我限定的盖子”就会越来越紧。

反过来，**如果父母能够以积极的语气和对话的方式对待孩子，孩子身上“自我限定的盖子”就会“吧嗒”一下打开。**

本书有“开启孩子干劲的语言”“教孩子重拾自信的方法”“教孩子走出逆境的方法”“促使孩子自主行动的语言”这四章内容，通过翔实科学的论据，向大家介绍各种激发孩子积极性、挖掘孩子潜力而成长的方法。从具体的对话方式和如何表达，以及亲子沟通交流的注意点都有详细介绍，敬请参考。

另外，**“自我限定的盖子”不仅儿童会有，我们大人身上也会存在。**所以，阅读时，请务必带着发觉自身“自我限定的盖子”的意识，一定获益匪浅。

Chapter 1 开启孩子干劲的语言

Chapter 2

教孩子重拾自信的方法

Chapter 3

教孩子走出逆境的方法

Chapter 4

促使孩子自主行动的语言

Chapter 1

开启孩子干劲的语言

干劲篇 / 01 /

担心孩子这一点

如果周围人比自己强，就会丧失动力

明菜以前对自己的英语还是挺有自信的，但在这次阶段考中输给了裕美。明菜心里想：“我都这么努力了，结果还是输了！”她完全丧失了学英语的热情。

让孩子想起最初的目标，不是和对手比赛，而是实现梦想

孩子的世界很狭小，无论是学习还是运动，都会不自觉地跟身边的某个人一决胜负，赢了就会高兴不已，输了就会垂头丧气。

同样的事也会发生在父母身上。父母原本想着给孩子加油打气，结果脱口而出：“裕美真厉害，你可得加油了！”这样就成了拿自家孩子跟别家孩子作比较。

这就无异于给孩子伤口撒盐。因为就算别人不说，孩子本人也是最清楚的，说了反倒让孩子产生反感。

此时应该如何跟孩子说话才能让他重燃斗志呢？

明菜一开始究竟是为了什么而努力学习英语呢？这一点父母是否清楚？首先，要从这方面开始仔细询问。

还有一点非常重要：不要强迫孩子回答，也就是不要强求答案。

另外，父母也不要妄断，提前抢答“你不是想进某某大学的国际班吗？”之类的话。

父母要以倾听孩子心声的姿态，认真面对。

“明菜一直以来学习英语都很努力，将来是怎么打算的？想做什么呢？”

这时候，明菜可能会这样回答：“上了大学后想出国留学，想从事一份能发挥英语能力的工作。”

“留学将会成为很不错的经历，我支持你。那咱们要思考一下，今后该如何努力才能实现这样的梦想。”

父母这样跟明菜说的话，明菜就会点头认可。

就在这一瞬间，干劲的开关就会再次开启，明菜也会更加刻苦地学习英语。

就像这样，父母帮孩子唤起自己最初的目标，孩子就不再拘泥于与其他人作比较。如果非要作比较，那就不要和他人相比，而是比一下过去的自己，父母也要及时夸赞孩子的成长。

NG

- 输给裕美，真丢脸。
- 你不加把劲儿学习不行吧！

OK

- 你的发音比以前好很多了。
- 这么努力学习，将来想做什么？

交流要点

- 理解孩子真正的目标。
- 让孩子注意到最重要的不是与他人比输赢，而是实现自己的目标。
- 不论孩子有什么样的目标，大人都要表现出支持的态度。

担心孩子这一点

只学喜欢的科目，不喜欢的科目一点儿都不想学

彩夏对自己喜欢的社会[1]一门课特别用功，每次考试都能拿高分，但对自己讨厌的算术没有一点儿学习的兴致，成绩总是低分飘过。

1　社会课：日本初中、高中的教学科目之一，其目的在于让学生学习有关社会生活的知识，培养学生解决社会问题的能力，造就构成民主主义社会的社会人。内容涉及历史、地理、政治、经济、伦理等领域。

通过“积极学习法”消除“不擅长意识”

我一样也是非常喜欢社会课和理科，不喜欢国语、英语以及数学。这三门课往往都是全年级倒数，数学甚至在初中二年级的时候考过零分，真是不堪回首。

但那之后，我喜欢上了数学，转折的契机就是数学的因式分解。最开始只是简单的解题算数，但实在是太有意思了，根本停不下来，这时候我才发觉数学原来如此有趣。

归根结底，在那之前我之所以讨厌数学，是因为对小学阶段学的分数、小数这些基础完全没有理解，而因式分解正好帮我理清了头绪，借此，我又重新温习了小学的基础知识，于是数学成绩也就有了突飞猛进的提高，从那以后一发不可收拾，数学变得越来越有意思，我也

学习金字塔

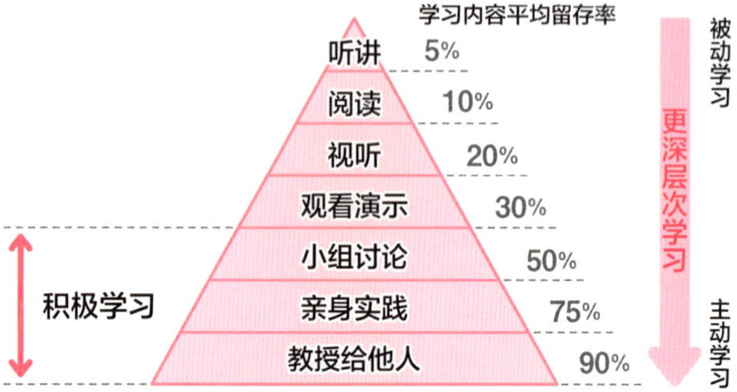

该图为学习内容平均留存率，
越是主动学习，学习效率越高，内容留存率越高。

出自美国国家训练实验室（National Training Laboratories）

就不知不觉地喜欢上了数学。

明明着手做就能会，结果就因为一门心思地认为“自己数学不行”而不愿意去做。如果能够给孩子一个消除“深信不疑”的小小机会，就能激发起孩子的干劲来。

或许有些家长觉得索性把孩子不明白的地方给他讲明白不就得了，这种想法是不可取的。最好的办法是父母当孩子的学生，让孩子讲给自己听。

近些年，“学习金字塔”这一话题引起热议。这是一种用金字塔来表示以什么样的方式学习才能够提高学习内容留存率的图形。

通过“学习金字塔”我们可以了解到，如果单纯听讲，学习内容的留存率仅有 5%，而教给他人则可以达到 90% 以上。也就是说，越是积极地、主动地学习，越能更好地把内容输入到大脑中。

特别是学习留存率高的“小组讨论”“亲身实践”“教授给他人”这些方法，被称为“积极学习法”。作为一种深度学习方法，“积极学习法”被广泛应用于哈佛大学、麻省理工学院等世界知名学府，在提高学习能力方面有显著效果。

如果把“积极学习法”应用到家庭中会如何？大家有可能会觉得那些都是著名大学里才用到的方法，家里根本无法实现，其实没有必要把它想得很难。

只需这样对孩子说就可以：**“这个地方我不太明白，你来给爸爸（妈妈）讲一下吧。”**

还有，“小组讨论”这个词，可能会让人觉得有些夸张，实际上可以在交谈的过程中寻找答案，抑或是一起查找答案，都是不错的办法。

我们需要摒除填鸭式的教学，采用“让孩子教”的战略，不断调动孩子的积极性，帮孩子慢慢去除“不擅长意识”。

再有，放手让孩子尽情地学习自己喜欢的科目，对于擅长的事情他就能做到最好。我也经常会对运动员们说：“总之先把这一项磨炼成自己的武器，争取做到极致。”常言道“有一技之长者亦能触类旁通”。

当技艺水平达到一定程度时就会遇到瓶颈，这时就可以尝试做一做其他的功课了。

例如，有一名棒球选手特别喜欢击球，平日练习也只练击球。因他击球非常棒受到教练赏识，成为第一候补，但一直都未当上正式队员。究其原因，是该选手防守太弱。当他自己也发觉这一点之后，就开始埋头练习防守。

学习也是同样的道理。如果孩子有特别喜欢的科目，就让他尽情学个痛快。当孩子体会到学习的快乐，有满满的成就感，就会更有动力去学习。**让孩子充分发挥内驱力才是最重要的。**

当孩子渐渐明确未来的目标后，就会发觉“光学社会课不行，数学也要好好学习一下”。**本人感觉到学习的必要性时，就会自发地投入其中。**父母只需相信美好的未来一定会到来，细心呵护孩子对学习的兴致即可。

NG

- 你的数学也该学一点儿吧!
- 光学社会课可不行吧!

OK

- 这个地方是什么意思？你给我讲讲吧。
- 你学习一直都好努力。

交流要点

- 让孩子当老师，教给家长他不感兴趣的科目。
- 平时注意让孩子拥有快乐学习的感觉。
- 为了能尽早确定升学目标，可陪同孩子参观他喜欢的学校的体育节、文化节等活动。

担心孩子这一点

总是逆反，不听话

翔真总是跟妈妈顶嘴，看上去老是一副不耐烦的样子。妈妈每日叹息：要是他能稍微听些大人的话就好了。

把决定权交给孩子，由控制改为支持

“快去学习！”“你玩游戏的时间已经够了！”“出门千万别落东西！”……

家长们是不是动不动就变得非常啰嗦？孩子被这么劈头盖脸地一说，很难乖乖地点头听话。所以，**平日里尽量不要使用命令语气，而是用询问打听的语气和孩子说话。**

例如可以这样心平气和地问孩子：

“你想想，现在不学习，将来会怎么样呢？”

“如果总是打游戏的话，你觉得未来会怎样？”

“你将来想做什么呢？”……

如果家长做出乐于倾听的姿态，孩子就很难采取反抗的态度，对家长的信赖也就能进一步提升。

孩子可能就会对自己说："到八点我就去学习。"

"今天游戏通了这一关，我就不玩了。"

就像这样，放手让孩子自己作决定，就能让他感受到父母对自己的信任，也就慢慢变得不再顶嘴。

但是我们很多大人们都认为孩子不管不行，决定权在自己身上，一心想要控制孩子。经常会有家长拖着不情不愿的孩子来我的研讨会，家长对我抱怨说："我家孩子对体育比赛一点儿热情都没有，我实在是没办法，该怎么做才好？"

当我和孩子单独聊的时候，我就问他："你为什么要选这个比赛项目？"孩子回答说："我不想学，是父母逼的。"每当我听到类似的回答，就会感慨孩子的人生以后会是什么样呢？如果一直从事自己不喜欢做的事情，他会开心吗？

强迫孩子去做一些事情，孩子当然不会有动力。在责备孩子之前，大人需要反思一下，自己是否了解孩子真正的心愿，自己跟孩子的交流方式是否有问题，这一点非常重要。

NG

- 你好好听话！
- 别拖拖拉拉的，赶紧认真学习！

OK

- 你想想今后想做什么工作呢？
- 现在不学习的话，你觉得未来会怎样？

交流要点

- 不要不分青红皂白地要求和命令孩子，而是以询问的方式跟孩子沟通。
- 尊重孩子的意志，让孩子自己作决定。
- 在考虑孩子是否有问题之前，要反思自己的言行是否有问题。

担心孩子这一点

因为总是输掉比赛而心情低落

弘树的梦想是当一名足球职业联赛选手，成为地区足球队的正式队员。但这段时间队伍整体状态不佳，总是输掉比赛。弘树因此丧失自信，开始一蹶不振。

连续的失败是学习如何克服困难的良机

儿童时期经历一些失败是非常难得可贵的事情。失败是学习如何突破屏障的好机会。人只要活着，总会遇到各种各样的困难。失败的经历能够提升孩子抵抗挫折的能力，培养孩子不会因为一些小事而消沉的坚韧精神。

一帆风顺成长起来的孩子，很容易在长大后遇上失败而不知该如何重整旗鼓。因此，**为了孩子能够更好地成长，在儿童时期最好经历一些失败。**

话虽如此，如果父母对一蹶不振的孩子这样说："失败是一段很好的经历。"孩子很有可能会顶嘴说："你们明明一点儿都不懂我的心思。"

就算是家长跟孩子之间构筑了再好的亲子关系，直接把自己认为正确的结论强加给孩子也不是一件好事。

必须要与孩子心贴心，说一些能让孩子重整旗鼓的话。

比赛虽然输了，但比赛过程中还是有闪光点的。父母可以试着问一些问题，让孩子把注意力集中在积极向上的方面。

“比赛里也有表现很好的地方，你觉得哪些地方做得好呢？”

“你觉得在今天的比赛中你哪些地方进步了？”

人的大脑很喜欢回答问题，别人一提问，就不由自主地想回答。孩子在思考自己表现好的地方的过程中，看待问题的角度就会转变，之前消沉的心情也会得到改善。当然，父母不能抢先回答，孩子自己能够自发地注意到积极的一面非常重要。

在索契冬奥会、平昌冬奥会中，蝉联冠军的花样滑冰选手羽生结弦，在 2014 年国际滑联花样滑冰大奖赛系列赛的练习中，与别国选手发生激烈的碰撞，受伤后的羽生结弦只获得了中国杯第二名，NHK 杯第四名的成绩。当时羽生结弦留下这样一段话：“有这么多障碍需要我去突破，没有比这再开心的事了。”

后来他在大奖赛最终的决赛中，以非常优异的成绩获得了冠军。

NG

- 最近老是输，你想想哪些地方做得不好。
- 当时你怎么会犯这么低级的错误？

OK

- 你觉得在今天的比赛中自己进步的地方是什么？
- 你觉得哪个地方如果做得更好就能打赢这场比赛呢？

交流要点

- 把失败当作孩子成长的精神食粮。
- 不仅要问失败的原因，还要问孩子进步的地方。
- 不要把自己认为正确的结论强加给孩子。

担心孩子这一点

因意外断送梦想而意志消沉

浩平在少年棒球联盟[1]打棒球。他最近一段时间状态极好，意气风发眼看就能成为正式队员，结果这时受了伤。他从此以后再也没有下工夫练习。

1　少年棒球联盟：9~12 岁少年参赛的棒球运动组织，比赛采取六局制，使用小型硬球。总部设在美国，每年举行世界大赛。

督促孩子尽快树立下一个目标

当运动员，受伤是在所难免的。

之前有位专业棒球队员，刚开始参加比赛就崭露锋芒。这位队员正要为自己的实力沾沾自喜时，就在季节赛决胜战中受了伤。

看到这位队员失望沮丧的样子，我特意问道："经历这次受伤，你有什么不同寻常的发现吗？你想从这次受伤经历中汲取怎样的经验教训呢？"

当一个运动员受伤的那一瞬间，就会觉得自己长久以来描绘的美好梦想破碎了。就如例子中的浩平，再也无法成为正式队员的想法使他内心充满绝望。

但事实真的如此吗？此时非常重要的一点就是：让孩子认识到那

只是单纯的假想，稍稍修整一下轨道便能让梦想之门再次打开。

父母可以像我询问前面一位专业棒球运动员一样问问孩子：“虽然受了伤，但你真正想实现的梦想是什么呢？”孩子可能会说：“……成为正式队员，上了高中后可以打进甲子园[1]。”

“那为了能够打进甲子园，是不是要努力把伤治好呀？”

这时候孩子如果回答：“想快点儿治好伤！”那父母就可以继续鼓励他：“那咱们想想办法如何才能更快地治好伤吧！”父母应从背后推孩子一把，给他以支持和信心。

纵使再懊恼不该受伤，时光也不可能倒流。因此这时候父母就要问孩子今后如何打算，督促孩子尽快把目光投向下一个目标。一旦有了明确的目标，内心的拼搏精神就会重新燃起，孩子也就能够把所有精力集中在自己该做的事情上了。

另外，还建议家长最好寻找能够让孩子心情放松的第二医师、第三医师。有的医师可能会说“半年以内绝对无法痊愈”，也有的医师可能会说“积极参加恢复训练的话两三个月就能治好”。

最为重要的是，经历了这番挫折，孩子痊愈后可能变得比之前更坚强，能实现更高的目标。

1 甲子园：日本兵库县的地名，在 1924 年（甲子年）建成了甲子园球场，因举办日本全国高中棒球比赛而知名。

NG

- 不就是受了点伤，你要消沉到什么时候？
- 这么点伤，忍一忍就好了。

OK

- 现在你是怎么打算的？
- 你觉得从这次受伤经历中能够学到什么？

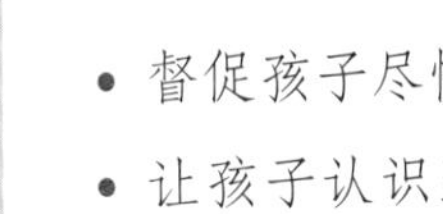

交流要点

- 督促孩子尽快明确下一个目标。
- 让孩子认识到只要克服了眼前的困难，通往梦想的大门还是会敞开的。
- 找一个能给孩子希望的医师重新诊断。

干劲篇 / 06 /

担心孩子这一点

喜欢的老师被调走，就失去前进的动力

田径队的悠人不断突破自己创下的纪录，意气高涨。但田径队老师发生调动后，悠人觉得“这位老师不在，自己就不行”，一下失去斗志。

不过分依赖别人，能独立思考解决问题才会进步

孩子们常会因为换老师而丧失兴致。究其原因，是孩子太过于依赖自己喜欢的老师了。

一流的运动员，最终都会找到自己独特的做法。对别人来说有可能是非常难以接受的风格，但只要本人适用就足够了。因此，我认为运动员既是知识的探求者，又是找寻自我特有风格的游侠。

每一项竞技每年都会发生技术革新，只有能够自我思索、自我革新的人才能不断进步。

例如，曾活跃在日本职业棒球队阪神队中的新庄刚志，行为自由奔放。别人都觉得他天真烂漫，什么都不会考虑。但读过他的著作之后，会发现他从未停止过思考，一直精密地计算，不断努力奋进。这是支撑新庄刚志在赛场上拥有绝对优势的源动力。

这种顶级运动员的著作也可以推荐给孩子看看。当孩子了解到顶级运动员精彩的赛场表现背后，离不开他们独立的创意和思考，他们也会经历苦恼和艰苦卓绝的努力时，孩子的眼界就会变得更加开阔。

再说，**老师和教练教授的内容不一定完全正确**，这一点要告诉孩子。确实在打基础的阶段，要认真按照老师和教练的指导做，**但在此之后能够自己独立思考、刻苦钻研的孩子才会进步**。他们会这样想："老师为什么要做出这样的指示呢？"而那些总是抱怨"我没有遇到好老师所以才没有提高"的孩子就会止步不前。

新庄刚志的父亲从事造园方面的工作，他说道："培育孩子与养育树木是一样的。必须要倾注感情，如果长时间不照看，树木就会枯萎。因此，要一直关怀照料。"所以从小学一直到高中，新庄刚志的父亲从未缺席过任何一次家长观摩课。父母能够充满爱心地守护孩子，这比任何事情都重要。

NG

- 总不去参加俱乐部训练可不行啊！
- 老师换谁不都一样？

OK

- 到底是什么原因让你不想去参加训练呢？
- 试一下你自己的方式如何？

交流要点

- 让孩子认识到不是因为有好老师才能进步，而是自己能够独立思考钻研才能进步。
- 为了培养孩子的自主性，在日常生活中不要对孩子过分干涉。
- 不管何时何地都充满爱心地守护孩子。

担心孩子这一点

总是被大人批评指正就对学习失去兴趣

小莲在学习钢琴，因为小莲妈妈对钢琴比较精通，所以在小莲练习的过程中总是被妈妈不停纠正，小莲就对钢琴产生了厌倦，甚至表示不想学了。

一味提醒错误不如经常鼓励，指出如何改善

在运动行业有个不成文的规定，就是每次比赛完，特别是输掉了该场比赛，运动员都会开一个反省会，目的是相互之间指出哪些地方做得不好，具体有什么问题。表面上看是件好事，但无论是谁都不喜欢被人指出失误和不足。

“你这个地方做得不对。”——有几个人听到这句话还能高兴?

小莲的母亲是想着能让小莲进步，才指出她的错误，但长此以往，小莲就变得讨厌弹钢琴，最后落得一无所获。不论学习什么内容，没有兴趣是无法进步的。

因此，大人不要一味指责，提醒错误，而是要采取让孩子心情能够更愉悦、更想去弹琴的说话方式。

我在给运动员做指导的时候，绝对不会直接指出他们的错误，也不要求他们反省。**因为反省只会唤起他们消极的情感，会降低他们的热情。**

我会常常给他们指出需要改善的地方。如果我的队员听到了一些消极负面的话语，我会接着说：**“那不是打击你，而是希望你在这一点上进步一些！”“如果这一点做好的话，就能更进一步吧！”**我会帮他们找到能够做得更好一些的方法，运动员们就会抱着要变得更好的希望，更加努力地投入训练当中。

相反，如果不断被别人指出问题，就会感觉自己被贴上了“不行”的标签，渐渐地也就失去了斗志。

不光是运动，在学习技艺和做学问上也是同样的道理。说的内容一样，传达方式不同，给人的印象也就会有天壤之别。

比如“你弹得琴一点儿张力都没有”和“这个地方稍微区分一下强弱，会变得更好一些”，这两种说法中，哪种说法更能激发孩子的干劲？不言而喻。就像这样，发现了需要改善的地方，孩子就会积极地去思考下一步该如何练习。

NG

- 你老是在这个地方犯错。
- 你能不能弹琴的时候带点感情？

OK

- 把这个细节稍微改善一下就能进步。
- 你觉得哪些地方弹得更好一些了？

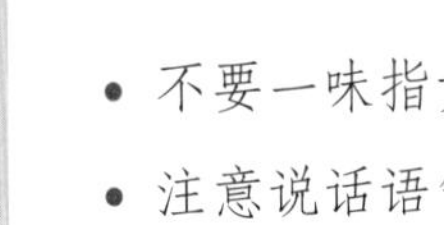

交流要点

- 不要一味指责，而是帮孩子指出能够改善的地方。
- 注意说话语气要自然平和，避免让孩子心情沮丧。
- 不要老盯着孩子做错的地方，而是要寻找孩子的闪光点。

担心孩子这一点

自尊心太强，听不进别人的意见

麻美总是强调自己是正确的，从来不听父母的建议。当朋友表现出色或是成绩优异时，她就会恶语相加，但自己又不去挑战。

夸赞过程而不是结果，无条件爱孩子

自尊心强的孩子往往有以下几个共通点：会因为一些小事而受伤，害怕失败而不敢去挑战，自我意识过强等，而且争强好胜，不愿承认自己的错误，不听取别人的意见。

为何孩子会变得自尊心极强？原因就在于父母只看重孩子的结果。孩子拼尽全力学习，如果得了 100 分，父母就会夸奖，如果只得了 80 分，父母就会无视……

孩子一旦处在这样的状态中，就会认为如果成绩不好就不会得到父母的夸奖。这是非常痛苦的过程，因为孩子需要不断地拿出好成绩来满足父母的期待，无穷无尽。

成绩不好就会伤到自己的自尊心，也会被父母弃而不顾。孩子会越想越害怕，到最后只做那些自己绝对有把握的事情。

自尊心是在与他人作比较和受到别人评判的过程中生长起来的。自尊心往往被他人的标准左右。因此，非常脆弱易碎。

有一个词与“自尊心”极其相似，叫“自尊自爱”，指的是“感到自己是有价值的人，珍惜重视自己的情感”，也可以称为“自我肯定”，虽然自己身上既有优点又有缺点，都不能阻止自己认为自己就是不可替代的唯一存在，简而言之，就是爱自己。

自尊自爱的孩子对自己很有信心，富有挑战精神，做任何事情都能全身心投入，也能诚恳地接受别人的意见。

而自尊心强的孩子则是自尊自爱的感情弱，自卑感强。为了掩饰这一点，往往会虚张声势。

我们要理解这种痛苦的感情，首先父母要全盘接受孩子，包括好的方面和差的方面，无条件地爱孩子。

其次，要夸奖孩子努力的过程而不是结果。就算是孩子没有取得好成绩，只要他已经努力了，就这样对他说：“你的作业（自习）非常用功。”真正了不起的不是考了一百分，而是确实努力过了。

NG

- 下次绝对要拿第一！
- 你这么用功才考了这么点儿分？

OK

- 你已经全力以赴了。
- 就算是失败了也没有关系，试一下怎么样？

交流要点

- 夸奖孩子努力的过程，而不是结果。
- 全面接受孩子最真实的状态。
- 就算是结果不好，也要告诉孩子“没关系”，让孩子放宽心。

干劲篇 / 09 /

担心孩子这一点

总是喜欢玩手机，不爱学习

最近理沙总是一个人闷在房间里看手机、玩手机，父母劝她让她适可而止，她却跟父母闹脾气，让父母很为难。

玩手机上瘾可能是求救信号，弄清楚压力所在

中小学生手机持有率变化趋势

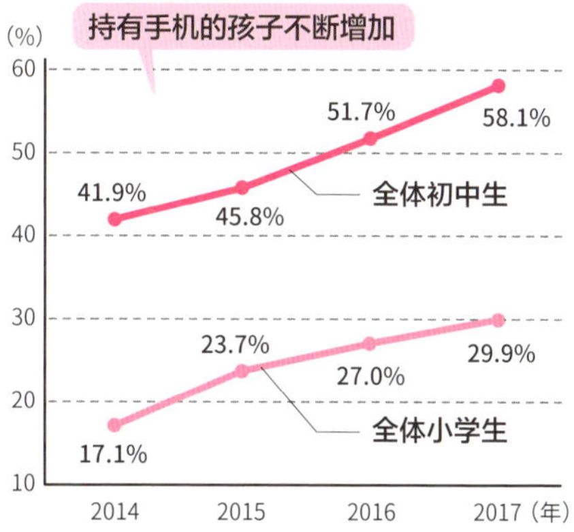

数据出处：《平成 29 年度（2017 年）青少年上网环境实情调查》内阁府

如今日本已经到了三分之一的小学生、一半以上的初中生拥有手机的时代。多数情况都是孩子跟家长撒娇“大家都有，也给我买个吧”，家长经不住这么说，就给孩子买了手机。

也有不少家庭是因为手机上有 GPS 定位功能，能够随时知道孩子所在的位置，出于安全考虑给孩子买了手机。

手机虽然有各种便利，但孩子沉迷其中不能用心学习确实让大人头疼。如果这时对孩子严加批评，甚至强行收走手机，只会引发父母与孩子之间的矛盾，更别说要开启孩子学习的干劲了。

这时候，可以在与孩子交流的过程中，规定一下在家里使用手机的规矩。

例如，每天手机的使用时间不能超过一小时，最晚使用时间不能超过晚上九点，吃饭和学习时，手机要收在抽屉里，游戏只玩免费的，且只与认识的人玩游戏……

现在开发出了很多程序，可以限制游戏收费、应用软件下载，拦截有害网页等，家长不要强制，而是让孩子认识到“这是为了保护自己而非常必要的程序”，在孩子认同的基础上，有效利用这些程序。

另外，**孩子一直玩手机，也有可能是想从某种压力中逃脱出来的信号。**这时候如果能够帮助孩子找到并去除压力的根源，就能让孩子不再依赖手机。

应该心平气和地询问孩子：“最近有没有什么心事呀？”如果孩子确实遇到了麻烦，家长就和孩子一起商量研究解决办法。

NG

- 你要玩手机到什么时候？
- 你要适可而止！

OK

- 咱们一起聊一聊手机的使用方法吧。
- 最近总是看手机，是不是有什么心事？

交流要点

- 不要单方面地一味指责孩子，而是要倾听一下孩子的心声。
- 经常和孩子聊天，规定好在家里使用手机的规则。
- 细心观察孩子是否陷入了某种麻烦。

干劲篇 / 10 /

担心孩子这一点

早上起床叫不醒

洋平早上就算是醒了也起不来。妈妈过来叫他起床，他也总是磨磨蹭蹭起不来，最近迟到的次数越来越多。

弄清楚起不来的原因，不对表面现象加以指责

孩子为何早上起不来，有各种各样的原因，其中最常见的就是熬夜。因此，家长要催促孩子早睡，帮助孩子养成正确的作息时间。长时间睡眠不足，做任何事的积极性都会降低。

此时非常重要的一点是，弄清楚孩子熬夜的原因。若孩子只是生活作息不太规律也就罢了，有时可能背后隐藏着某种精神方面的问题。

我指导的一位大学生，有过这样的例子。

她向我诉说：“我总是提不起精神来。”

于是我问她：“你一般几点起床？”

“七点。”

“那，几点睡觉？”

“深夜两点。”

这种情况不只发生在她一个人身上，很多学生都是如此。

仔细询问过之后，我发现她最近总是考不好，压力就随之变大，晚上想通过玩游戏的方式排遣压力，因此，就会睡觉很晚，生活变得不规律，成绩逐渐下降……陷入这样一个恶性循环中。

还有一些人害怕早上的到来。起来之后，练习可能会不太顺利，可能无法取得好的成绩……各种担心会一并袭来。就像这位女生一样，夜晚就是逃避现实的时间。

孩子也会有这种因为感到不安和紧张等某种压力，意图从中逃脱而熬夜的例子。

当孩子有某种压力，会以各种形式发出求救信号。**如果家长只看到表面现象加以指责的话，只会让孩子越来越消极。**所以家长要探寻一下导致这种现象的深层原因。

NG

- 不要熬夜了，你差不多该睡了。
- 快起床，要不今天又迟到了！

OK

- 到底为什么最近起不来呢？
- 学校里有什么不顺心的事情吗？

交流要点

- 不要责备孩子的错误行为，而是积极寻找这种行为背后的原因。
- 用心关注孩子的心情。
- 家长也要尽量避免熬夜，给孩子做好榜样。

干劲篇 / 11 /

担心孩子这一点

无论问什么都只是敷衍了事，对任何事都不感兴趣

祐树不参加任何课外活动，回到家不是玩游戏就是看电视，每天都过得浑浑噩噩。看到孩子这样，父母焦虑不安。

不一味否定孩子，关注孩子小小的进步

每当看到在家游手好闲的孩子，家长都会希望他们学点什么，去运动也好，学点乐器也好，总之对一些事情提起兴趣。这种愿望我非常理解。但孩子已经反复回答过好几次“不感兴趣”了，大人却纠缠着问：“你就没有想做的事情吗？”这其实就是在强迫孩子回答。

首先要避免的就是这一点。当家长询问孩子，而孩子不回答的时候就不要强制，而要静静地等待。任何事情都要等待时机成熟。

比如，当孩子看电视的时候，可能会突然获得某种启发；当孩子听音乐的时候，也有可能会被拨动心弦。

“我也想写出这么优美的歌词。”

如果孩子突然说出了类似的话，不论这是一个多么鲁莽的挑战，都不要马上否定他，而要支持他，为他加油："听上去很有意思！""你能行！"如果孩子能得到鼓励和夸奖，就会更有动力去做好。

但有些家长可能是出于谦逊，会在孩子面前直接否定孩子。

在我的研讨会上发生过这样一件事。

家长问我："你觉得我家孩子怎么样？"

我就挑选孩子优秀的地方夸赞了一番："孩子非常诚实，又谦虚，而且我能感觉到他很有上进心，未来可期！"

但家长的回答却是："不不，这可不行，这孩子不行。"家长说话的过程中，孩子一直低着头不说话。

看到孩子因为家长的一些话语而消沉，我心中难过不已。我希望家长能够这样认可孩子："确实是这样，他一直很努力。"

如果**孩子感受到父母对自己的信任，就会充满干劲。**像祐树这种情况，家长只需保持信任的态度，他早晚都会自己行动起来。

NG

- 不要懒洋洋的，你要有个学生的样子吧！
- 不管做什么你都要稍微试试吧！

OK

- 你能行的！
- 我们会一直支持你！

交流要点

- 不要一直纠缠不休地逼问孩子。
- 如果孩子产生了兴趣，就鼓励孩子“能行”。
- 孩子能够因为称赞而充满干劲。

干劲篇 / 12 /

担心孩子这一点

以前成绩不错，被赶超后受到挫折

志穗以前一直保持班级前几名，但随着参加中考辅导班的学生日益增多，志穗的成绩排名就开始下滑。最近她没有像以前那么用功学习了。

允许中场休息，耐心等待孩子自己行动

很多家长都觉得怎么能让自己心爱的孩子遭受挫折呢？我经常会遇到前来咨询的家长，觉得在孩子被绊倒或摔倒之前，必须把障碍物给清除掉。

但是，正像之前反复强调过的一样，我很欢迎失败和挫折。因为失败和挫折能够给我们学习的机会，能够强化孩子的生存能力。

我也是在二十几岁的时候，连连受挫。当时觉得非常痛苦，但现在回想起来，由衷地感觉正是这样的经历，造就了现在的我。

当孩子马上遭受挫折要经历痛苦的时候，父母总是忍不住要出手相助，这种心情我非常理解，但还是请家长在一旁静静守候。当孩子感到心累的时候，最好让他歇一歇。

顶级运动员有时也会因为成绩下滑而崩溃，觉得“自己已经不行了”，这时候，我就会让他好好休息。如果整天只是考虑比赛的事情，对大脑本身来说就是一大压力。

因此，这时候什么都不想，只是发呆就好。有意思的是，没有人能长时间忍受这种状态。很多人每天过得忙忙碌碌，特别想过清闲日子，但如果自己真的去实践“什么都不要干”，一般人都会觉得太无聊，没过两三天就会放弃，重新回到忙碌的状态。

敢于什么都不做，正是重整旗鼓的机会。经常有隐退的运动员重返赛场，他们休整了一段时间，充好了电，又从头再来。

对于家长来说，只在一旁静静守候可能会比较痛苦，但还是要尽量忍耐，一如既往地对待孩子，相信孩子绝对能够重整旗鼓。

另外，可以把孩子带到大自然中，接触葱郁的树木、澄澈的空气，会让孩子疲惫的心灵得到治愈，让他重燃斗志。

NG

- 不能一直消沉，要振作起来啊！
- 你这个样子，会不断有人超过你。

OK

- 一直这么努力从未停歇过，现在休息一下怎么样？
- 咱们一起去爬爬山吧！

交流要点

- 趁机让孩子好好休息。
- 像往常一样对待孩子，静静地在一旁守候。
- 带孩子游山观海，放松心情。

column

儿童时期多接触大自然将有助于培养积极性

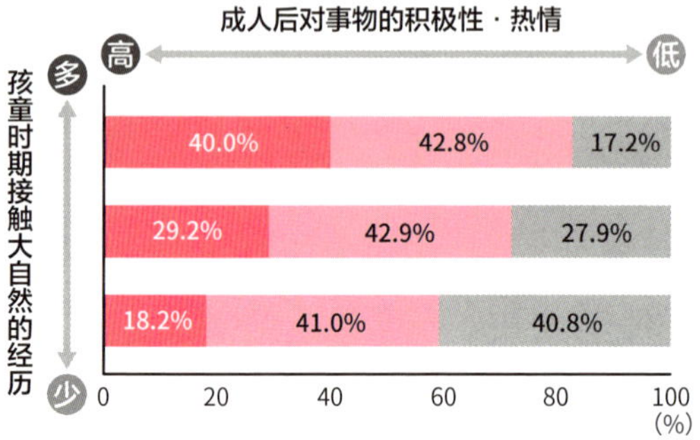

数据出自：《儿童经历实际情况相关调查研究》报告书平成 22 年 10 月（2010.10）独立行政法人国立青少年教育振兴机构

据日本国立青少年教育振兴机构调查发现，青少年时期越是亲近大自然的人，越是能成长为一个积极向上的人，最高学历、收入乃至结婚概率相对更高。也就是说，儿童时期的经历将会影响人的一生。

所以，一定要经常带孩子出去旅行，到海边、山上、高原等地，多创造孩子与大自然接触的机会。特别是爬山，攀爬的过程会刺激人的脚底反射区，能够激活大脑，提升专注力。另外，在保证安全的前提下，也可以让孩子尝试在柔软的沙滩上光脚走路。

Chapter 2

教孩子重拾自信的方法

自信篇 / 01 /

担心孩子这一点

遇到困难总说“我不行”“我不会”

大和遇到事情，如果稍微觉得困难就会很快放弃。本来这个暑假定了游完50米的目标，结果觉得自己还是不行，最终半途而废。

让孩子不要“习惯性放弃”，失去挑战的欲望

孩子之所以会“放弃成瘾”，是因为在此之前经历了太多次失败，以至于觉得自己“做啥啥不行”，最终失去了积极性。这种情况被称作“习得性无助”。

有一个鳟鱼实验很有意思。科学家在水槽里放入一群鳟鱼，再投放一些饵鱼，它们就会非常开心地吃这些小鱼。后来，科学家又在水槽中央位置放置一块透明玻璃板，隔板的一侧是饥肠辘辘的鳟鱼，另一侧是美味的饵鱼。

鳟鱼一下猛冲向小鱼，但会碰到隔板上，没办法吃到小鱼。鳟鱼连续好几次猛烈撞击隔板后，它们终于醒悟：“原来无论怎样都吃不到啊！”最终它们放弃了，变得非常不耐烦。

这时，科学家把隔板拿掉了，以为鳟鱼这下可以自由地去吃那些饵鱼了，结果这些鳟鱼并没有再去尝试，那是因为它们认为“无论怎样努力都没用”。

就像这个实验一样，如果不断重复失败，那么鳟鱼就会变得无助，也就失去了挑战的欲望。

那么应该如何彻底抹除这些鳟鱼的臆想呢？答案很简单。只需要把一只不知道发生过什么的活泼鳟鱼放进来就可以。这只鳟鱼根本不知道曾经有个隔板，所以就会一如既往地去吃小鱼。其他鳟鱼看到这种情景，就会想“什么嘛，这不是能吃到鱼吗”，就会再次向小鱼发起猛攻。

这个实验同样适用于人类。过去在百米赛跑项目中，人们认为人类不可能突破 10 秒的极限，但当卡尔·刘易斯[1]在百米赛中以用时不到 10 秒的成绩突围的那一瞬间，人们的固有思维被打破，从那以后，跑到 9 秒多的运动员逐渐增多。

因此，当孩子被无助笼罩的时候，大人就可以去寻找一位有着同样经历的小伙伴，让孩子看到这位小伙伴最后成功的样子。像大和这种情况，家长可以找一位已经突破 50 米的小伙伴，在大和面前游一次。当大和看到自己的同伴游到 50 米的时候，就会受到鼓励，心里暗想“他都能成功，那么我也一定能行”。

家长不仅需要帮助孩子找出不敢尝试的原因，还可以找到身边的成功典型做示范。

1　卡尔·刘易斯：美国田径运动员，主攻短跑和跳远，1991 年第三届世界田径锦标赛，刘易斯获得 100 米和 4×100 米接力冠军，并以 9.86 秒刷新了 100 米世界纪录。

NG

- 你光是找借口，什么都不干啊！
- 人家能做到，你为啥就做不到？

OK

- 失败了也没有关系。
- 没关系，再试试看！

交流要点

- 就算是孩子失败了，也要对孩子勇于尝试的精神给予肯定。
- 身边如果有好的榜样就展示给孩子看。
- 给孩子看看那些努力的身影。

自信篇 / 02 /

担心孩子这一点

“自我肯定感”弱，稍微批评一下就一蹶不振

美绪最近总是无精打采，因为在学校里被老师批评了几句而闷闷不乐。家长想着让她快些恢复，又不知该如何跟孩子沟通。

没有完美的孩子，请接受孩子最真实的样子

当孩子受到批评时，不要一下子就作出判断，认为是孩子哪个地方做错了，而是要仔细倾听一下孩子的述说。可能孩子有自己的苦衷，也有可能是批评的人弄错了。

当孩子回家说“我被老师批评了”时，家长要问一下：“你肯定很难过吧！能跟我仔细讲一讲吗？”找出孩子被批评的原因，也有可能是他正要保护受欺负的朋友，大喊“快停手！”的时候，正好被老师发现，而老师看到的却是孩子们正在吵闹的情景。

老师本身工作繁忙，又要照顾全班学生，所以有时会只看表面言行而作出判断。而家长则要充分地与孩子面对面交流，看清事件的本质，理解孩子的心情，如有必要建议孩子再去和老师沟通。

家长不要带有偏见和执念，认为被老师批评就一定是孩子的错，要以平等的姿态去看待孩子，自然而然地，孩子就会对父母越来越信任。

另外还有一点值得注意，美绪明明只是被轻微批评了几句，却一直心情低落，这也证明美绪对自己没有自信，“自我肯定感”弱。

“自我肯定感弱”的孩子有以下几个特征：

· 因为一些小事而极其失落

· 没有自信，自卑感强

· 总是看别人脸色行事

· 被别人夸奖也不会把喜悦表露出来

· 害怕失败而不敢挑战

· 不善于交际

· 情感不稳定而容易发怒

由日本内阁府主办的心理调查发现，日本年轻人对自己的肯定感在参与调查的七个国家（韩国、美国、英国、德国、法国、瑞典、日本）中排名最低，积极性也最低。

另外，在日本国立青少年教育振兴机构主办的针对美国、韩国、日本、中国四国高中生的调查中显示，日本高中生的“自我肯定感”，与别国高中生相比处于明显劣势。

对自己满意的年轻人占比

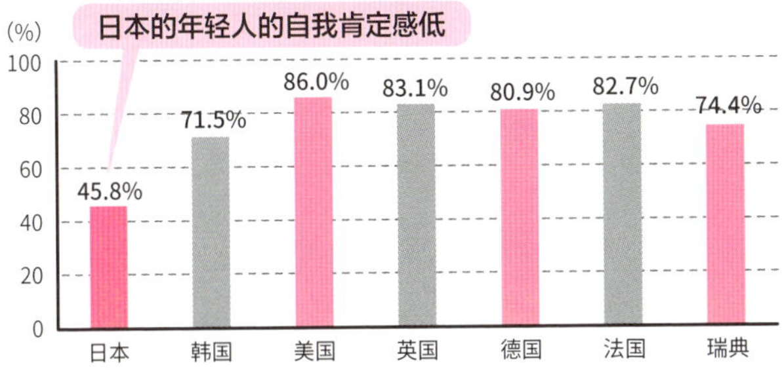

※ 对日本、德国、法国、英国、美国、瑞典、韩国的 13~29 岁的年轻人进行调查。柱状图表示的是“对自己是否满意”回答“是”和“基本是”的人数总和。

数据出处：《平成 26 年版（2014 年）儿童 · 青年白皮书》日本内阁府

一般认为之所以会这样，是受日本教育体系和社会环境的影响，但具体原因尚未查明。

而我认为，父母对孩子太过于强求结果也是原因之一。孩子刚刚出生时惹人爱怜，父母大多是对孩子倾注了无偿的爱，不求回报。

但随着孩子不断长大，父母开始有了欲望，不知不觉中对孩子的爱就变成了有条件的爱。与其说是“爱”，不如说是“虚荣”“私心”。

也就是说，如果孩子学习不行，没有成为正式队员，在赛场上表现不佳，都会被认定为是“没用的孩子”。孩子能够非常敏感地察觉到父母这种心情，会慢慢变得畏缩不前、软弱无助，于是开始对自己越来越没有自信，渐渐讨厌辜负父母期望的自己。

孩子不是超人，不可能任何事情都做得完美。请仔细回想自己小时候的样子，不擅长的事情，做不好的事情是不是不计其数。

我也是这样，有些事情回想起来，现在都会觉得无地自容，我也曾经遭遇巨大挫折，一败涂地。相信大家都一样。

孩子有些事情做不好是理所当然的，大人要无条件认可孩子，接纳孩子。大人要时常对孩子说：“你保持着最天然的样子就好，我们最喜欢那样的你！”要时常给孩子拥抱和鼓励。这个过程可能会比较漫长，但孩子总有一天会发觉自己是世界上独一无二的存在，就会好好珍惜自己，充满自信。

NG

- 你肯定是做了什么错事吧，不然老师怎么会批评你？
- 你到底要闷闷不乐到什么时候？

OK

- 这段时间不开心吧！在学校里发生了什么？
- 你保持着最真实的自己就好。

交流要点

- 理解孩子的心情，耐心倾听孩子的述说。
- 要以平等的态度看待孩子，不要带着偏见。
- 多给孩子拥抱，向孩子表达充满爱意的话语。

担心孩子这一点

做事消极，惧怕失败而不敢挑战

苍汰君学习成绩很好，又是篮球队的副队长，但无论做什么事情都很消极。他的父母就希望孩子能够尽量积极地去挑战一些事情。

打破孩子的“自我设限”，不要把理想设得太高

明明很有能力却一直很消极，无法进行新的挑战——这样的孩子往往都有面对失败的“自我规则”。

也就是“不允许失败”的自我规则，所以才无法行动。但如果孩子拥有的是“失败乃成功之母”的自我规则，孩子就能勇敢地去挑战。

常见的自我规则有以下几种：

· 结果至上

· 不许失败

· 做得不完美就没有意义

· 正确答案只有一个

· 没有人爱我

· 我低人一等

ABC 理论

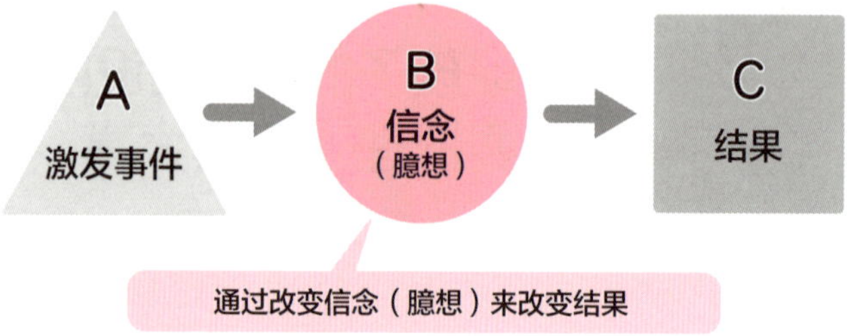

由美国的阿尔巴特·埃利斯提出。

A：Activating event（激发事件）

B：Belief（信念）

C：Consequence（结果）

激发事件本身不会产生结果，而是个体对激发事件的信念产生结果。

自己拥有怎样的自我规则（信念、臆想），就会有怎样的结果，也就是会采取怎样的行动。表示这种关系的理论，叫作“ABC 理论”。

父母看到孩子行动上出了问题，就想着让孩子采取合乎父母心愿的行动，往往会支使孩子干这干那。**但引发行动的是孩子的信念，如果不改变孩子的信念，就无法从根本上解决问题。**

为何孩子不愿去挑战，孩子身上到底拥有怎样的自我规则，这些则是必须要考虑的。

如果可以，那么尽量简单直接地问孩子原因。

“你为什么不愿挑战呢？”

孩子如果回答说“我很讨厌失败”，那么可以进一步询问。

“失败了会有什么困扰吗？为什么会害怕失败呢？”

这样一来，大部分孩子应该回答不上来原因，也有可能会回答“失败了的话会被骂”——孩子一直这么认为。

“你为什么认为失败了会被骂呢？”

“上一次比赛中我们试验新的阵型结果失败了，被老师狠狠地骂了一顿。”

“啊，原来是这样。”

无论孩子有怎样的原因，都要理解和接纳孩子说的话。然后，给孩子讲一下你的不同看法。孩子现在的视野比较狭窄，很难从多个角度去分析“被骂”的深层含义。但父母的人生阅历相对丰富，能够有多种多样的见解。

“你可以这样想，老师不是因为你们失败而生气，而是因为大家都各自有各自的想法，老师只是希望你们能更有团队合作精神，你认为呢？”

家长可以进一步指出失败也有好的一面：“确实失败有可能会被骂，但如果人不失败的话不就没法成长了吗？”

如果孩子仍旧拘泥于自己的规则中，无论如何都无法迈出这一步，那么大人就可以这样来问：

“你相信的事情是绝对正确的吗？”

“嗯，我觉得是正确的。”

“那你能断言百分之百正确吗？”

“不能说百分之百……”

“那就是你的个人想法了吧！”

“嗯……”

“那么，如果全世界的人都坚信自己的想法，会怎么样？”

“那……那就没法治了……”

就像这样提问，孩子会注意到自己的想法是有局限性的，而总有一天会打破“自我设限”。

NG

- 你就是因为胆小。
- 你偶尔也要拿出点儿勇气来啊!

OK

- 要是能挑战，那样就好啦!
- 你觉得办不到的原因是什么呢?

交流要点

- 尝试着询问孩子害怕失败的具体理由。
- 让孩子认识到“不允许失败”的自我规则只是一厢情愿。
- 向孩子传输多种多样的认知方式，打破自我设限。

担心孩子这一点

遇到强劲的对手就会心灰意冷

大辅在学校棒球队里既是队长又是投手，意气风发。最近他自信满满地加入地区少年棒球队，却发现比自己强的大有人在，一下子变得很气馁。

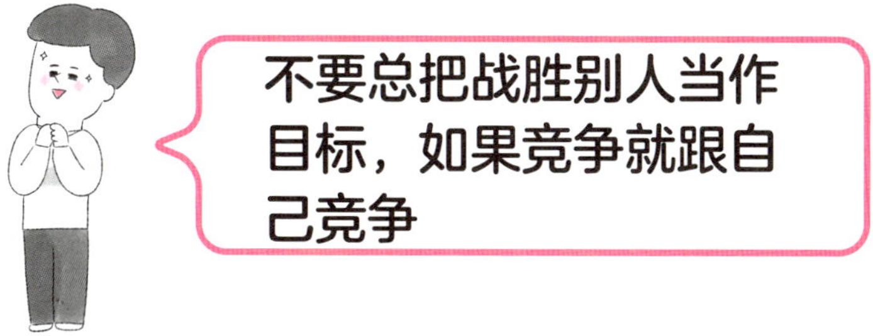

我曾经也跟大辅君一样，小学的时候打棒球感觉成绩还不错，升到中学的时候，发现比我打得好的人随处可见。后来通过棒球推荐升到高中，更厉害的选手比比皆是……我感到非常颓丧。

当时我的目标是成为专业选手，但后来受了伤最终放弃了。现在回想起来，当时太把队友当作竞争对手，从而迷失了目标，这是最大的失误。

把身边的人当作竞争对手切磋琢磨，相互勉励，不是件坏事。也有很多教练故意鼓励相互竞争，进而提高队员的积极性。

就像这样，大家都觉得打败了竞争对手，就会产生自信。但“非竞争性奖励”观点认为，与他人竞争往往产生的不是自信，而是自负。

在与他人的竞争中，赢的人会觉得“自己很有才能，运气好”，从而自信心过剩；而输的人会觉得“自己是个笨蛋，我不行”，从而完全丧失斗志。

而在跟自己的竞争中，如果结果好，自己就会觉得“我真的努力过了”；如果结果不好，自己就会觉得“我的努力还不够”。在这种情况下，就算是结果不好，也会决定“好，下次继续努力”，能够积极向前看。

不要以战胜别人为目标，而是**要以让自己不断进步，不断成长为目标，这样才能长久地保持昂扬的斗志。**

但孩子的世界非常狭小，动不动就会和周围的人竞争。这时候，家长就要及时给孩子展示更加宽广的世界，可以带孩子看专业选手或是顶尖选手他们挥汗如雨的练习场景。因为近距离观看选手的动作，孩子能够亲身感受更大的冲击力。**当孩子心境变宽广，目标变宏大之后，也就能够知道自己该做什么，也就意识到与周围的人比优劣高低没有必要。**

大人应尽量带孩子走出自己的圈子，让他到能够亲身感受真实世界的地方。

NG

- 不能输给他！
- 那个孩子太强了，你根本打不过他。

OK

- 你的目标是什么？
- 你想成为一名什么样的选手？

交流要点

- 不要煽动孩子的竞争心理。
- 告诉孩子最重要的不是比赛的胜负，而是达到自己的目标。
- 尽早向孩子展示宽广的世界、真实的世界。

自信篇 / 05 /

担心孩子这一点

总是因“自我设限”而放弃

玲香一直都在孜孜不倦地勤奋学习，但自己的分数老是上不去，她最近开始怀疑自己不够聪明，最好的成绩可能也只是这样的程度，内心有点儿想放弃了。

树立一个令人期待的目标，去掉“自我限定的盖子”

实际上能力无限，但是却给自己设定最高极限的人为数不少，甚至说几乎所有人都曾这样也不为过。大多数人都是无意识当中在大脑里设定了限度，就像是真正的能力没有觉醒，大脑被一个盖子盖得严严实实。我把这个盖子称作“自我限定的盖子”。

一直以来，我都在辅导许许多多的运动员，帮助他们去除“自我限定的盖子”。去掉盖子的那一瞬间，虽然不会真的发出清脆的声音，但大家的表情都会突然一下子变得明朗起来，原本的能力得到百分之百的觉醒，不断打破自己的纪录，最终实现梦想的人层出不穷。

我从众多方法中，挑选一些易于上手的方法教给大家。

第一个推荐的方法就是设定一个令人期待的目标。人类本身就有追求快乐的本能，追求的快乐越多，热情就越高。因此，设定的目标必须是能够让自己非常期待的目标才行。

玲香这种情况，有必要问一下她提高分数后想做什么，她是这样回答的：

“想进 M 高中。”

“为什么想进 M 高中呢？”

“因为 M 高中的校服很好看，而且又是排球方面的强校。我想在 M 高中打排球，但现在我这个成绩肯定考不上，所以，我决定考自己比较有把握的 S 高中……”

不不，S 高中不能激发她的斗志，也无法去掉她“自我限定的盖子”。

“你想象一下自己穿上 M 高中的校服，英姿飒爽地上下学的场景，再想象自己在排球队大显身手的场景。”

这么一说，就像打开了新世界，玲香脸上显露出陶醉的神情。

“如果你真的特别想在 M 高中打排球的话，用‘我要进 M 高中的排球队’代替‘我想进 M 高中’，以这样的势头去挑战一下，怎么样？”

这时，玲香的眼睛开始有了亮光。

目标只是单纯提高分数的话，很难提起干劲。**制定一个让自己期待不已的目标，具体想象自己大显身手的样子，这些更重要。**

滴滴答答的汗水、排球的触感、伙伴的欢呼声、全场热烈的氛围、生气勃勃的自己——想方设法让孩子的脑海中生动立体地浮现这些场景。如果有条件，直接带孩子去 M 高中参观，留给孩子一个更加鲜明的印象。

如果真的实现了，那该是多么开心的事情！孩子在想象的过程中，身心就会充满斗志。原本“自己也就这样了”的自我设定，慢慢就会变成“自己充满力量”，最终孩子会相信“自己能行”。

去掉“自我限定的盖子”，也就是这样一个过程。家长可以在日常生活中多提醒几次，让孩子多次加深这种印象。

事实上，还有读过我的微博考上东京大学的一个孩子。这个孩子最开始觉得以自己的学习能力绝对考不上东大。但他看了我写的《把令人期待的事情定为目标》一篇文章后，深有感触，在反复思考自己真正想在大学里做的事情是什么的过程中，渐渐地听到自己“想在东大的剑道部大展拳脚”的心声。

要考东大这个目标可能一开始觉得自不量力，后来慢慢觉得可以试试，自己在心中产生新的自我形象，最终“自我限定的盖子”会咔的一声打开，大声呐喊：“来吧，开始行动起来吧！”

这位同学也一样，如果只是树立了“考进东大”的目标，那么应该很难坚持学下去吧，有可能中途会放弃。但“在东大剑道部大显身手”是最能令他期待的最高目标，所以他才能一直坚持努力走下来。

当人们很期待某件事情的时候，就会分泌令人快乐的多巴胺，这是充满干劲的本源物质。

多巴胺会在达成目标之前不断分泌，所以就算是再艰苦的磨炼也能坚持到底。

NG

- 这个分数，考重点高中没有希望呀！
- 如果落榜了，会非常麻烦的，你还是以差不多能考上的高中为目标吧！

OK

- 你真正期待的事情是什么？
- 努力学习会给你带来什么希望呢？

交流要点

- 让孩子认识“自我设限”只是一种臆想而已。
- 激励孩子把心中真正期待的事情树立为目标。
- 鼓励孩子尽量把自己大显身手的画面想象得更加立体生动。

担心孩子这一点

只关注自己没有做好的事情

莉子进入了地区的体操队，被选为地区代表选手，获得了相当不错的成绩。但她不太擅长跳马，总是很在意自己落地的动作不好。

别总盯着孩子的缺点，而看不到他的优点

明明自己做得好的方面有很多，却总是盯着自己做不好的事情，之所以会这样，可能因为莉子是个完美主义者，也可能之前她总是被家长或老师批评指正。**总是盯着做不好的事情不放，究竟有何好处？**为了成长，知道自己的不足确实非常重要，但过于在意，只会让自己丧失信心。

首先非常重要的是，要让孩子认识到自己做得很好的事情有很多。例如，“跳马落地虽然不是很完美，但腿部动作还是很棒的。”——像这样促使孩子从另外的角度看问题，给孩子加油打气。

我把人们的情感分成三个等级，分别是“消极情感”“无情感”“积极情感”。**父母对待孩子的方式不同，孩子的情感等级也不同，有可**

能是积极的，也有可能是消极的。

父母如果总是向孩子说否定的话语，孩子的情感自然而然就会是消极的。例如，“什么嘛，落地又失败了”，如果孩子自己也会认为如此，被这么一说，就像遭受了双重打击，心情会更低落。

这句话别无他用，只会降低孩子的情感水平。但大人说出了这样的话之后，又会说“你要拿出干劲来呀”。这明显是非常矛盾的，只会让孩子的积极性不断下降。

不论孩子做得好还是不好，家长什么都不说，这时候孩子的情感是零。什么都不说的家长可能平时都不太关注孩子。孩子非常寂寞，也有可能非常刻苦努力，只为赢得大人的关注，但这不是孩子本来的动机，不会长久。

能够让孩子有积极情感的家长，是善于夸赞、让孩子更有干劲的家长，换言之，就是能够让孩子描绘令人期待的未来的家长。

“莉子，你的跳马落地一旦做好，就离奥运会更近一步了！”

如果孩子回答说“那不可能”，那家长就可以温柔地说：

“你绝对能行，我相信你！”

NG

- 即使其他方面做得再好，这一点不行就没办法了。
- 要是这一点做好了，就可以做得更好了。

OK

- 这一点和那一点，你都做得非常好。
- 你都进步了这么多，一定是未来的冠军。

交流要点

- 强调孩子没有做好的事情，没有任何好处。
- 关注孩子做得好的事情。
- 向孩子展示令人期待的未来，让孩子乘帆远航。

担心孩子这一点

太在意别人的目光而变得消极

杏奈在吹奏乐队吹笛子，前一段时间老师让她在文化节演出时独奏，结果被她拒绝了。杏奈总是避开容易引人注目的事情。

不拿孩子和别人作比，给孩子充足的安全感

有很多孩子非常在意别人怎么看自己。总是认为如果得不到别人的评价或称赞，自己就没有存在的价值。他也有可能深信表现差的自己得不到父母的爱。

这种类型的孩子，特别不想让别人看到自己比较丢脸的情景，所以自认为可能会失败的事情绝对不碰。

无论干什么事情总是被父母指责纠错，总是拿他自己跟别人比较……就会很容易发展成这种类型的孩子。讲到这里，有没有想起什么？比如，“看人家小爱都去参加县运动会了，你是不是没有资格？”“听说人家小爱英语考了一百分，你也向人家学学？”……

我想现在的家长肯定小时候也同样被自己的父母这样说过，大喊着“可恶”而拼命努力。

这可能会激发一时的斗志，但这不是自发的行动（称之为“外部动机”），所以不会持久。于是会出现父母在孩子后面拼命推，而孩子不得已时才动一动的这种循环，双方都会非常疲惫。

和他人作比较，对双方没有任何好处。家长会变得焦躁，孩子会变得叛逆，也无法培养其自觉性，孩子还会变得特别在意别人和家长的评价。**如果真的要比，就比一比孩子的昨天和今天，称赞孩子的成长和努力。**

在我做教练的时候，一直留心一件事情——孩子现在成绩如何都无关紧要，重要的是，如何构建一个易于孩子成长的根基，只要根基建立稳固了，孩子就能突飞猛进地成长。

第一件事就是要倾注感情，耕耘孩子的心灵，构筑根基。孩子一直希望父母能够多在意自己，疼爱自己，认可自己。父母就要百分之百地满足孩子的需求。这样的话，孩子的心就能安定下来，对自己充满信心，再也不会被别人的评价左右。

NG

- 那个孩子好厉害，和他相比你就差劲多了。
- 你怎么就不能像那个孩子一样做好一些呢？

OK

- 你保持自己的状态就可以。
- 别丧气，你比昨天，比上个月进步多了。

交流要点

- 不要拿自己的孩子跟别的孩子对比。
- 关注孩子孤独的内心，给孩子安全感。
- 用实际行动证明自己一直对孩子非常关心。

自信篇 / 08 /

担心孩子这一点

被别人说过一次后就铭记在心，一直没有自信

海斗之前有一次被老师说“你一点儿长进都没有”，从此一蹶不振。父母一直希望他忘记这句话，能重燃斗志。

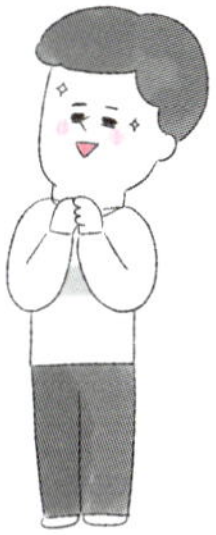

多夸赞孩子优秀的一面，别随意给孩子贴标签

理解层次模型

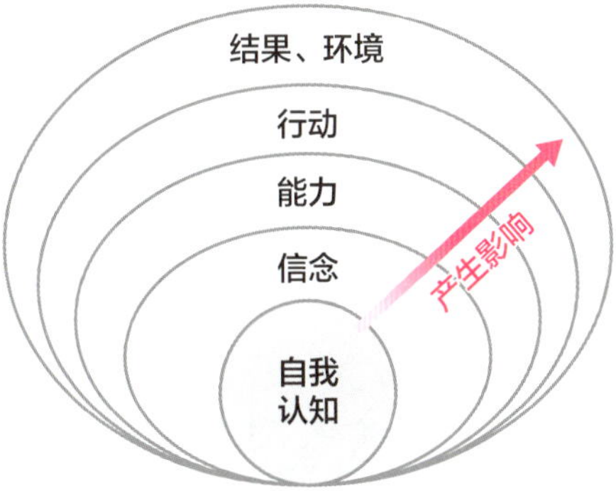

由罗伯特·迪尔茨提出的系统自我分析方法

海斗自认为自己是个一无是处的人。像他这样给自己贴标签，无法自拔的人不在少数。但实际上真的是这样吗？

心理学上，有个叫作“理解层次模型”自我分析法，把人的意识分为“自我认知”“信念”“能力”“行动”“结果、环境”这五大层次。

这五个层次之间相互影响，其中一个层次发生改变，其他层次也会有所变化。像海斗这种情况，就是被老师说了“你一点儿长进都没有”，于是让他形成了“我是个一无是处的人”这样一种消极的自我认知。一旦自我认知发生改变，那么行动就会发生改变，同样结果也会随之改变。

大多人都有只看事物一面的坏毛病，**当认为自己是个一无是处的人时，就一个劲儿地寻找自己不行的原因，从而进一步加强自己不行的印象。**如果只从一个方面去看待问题确实会如此，但跳出来从不同角度分析，或是经过一段时间的洗礼，一定能看到好的一面。大人向孩子展示好的一面，**让孩子慢慢认识到消极的自我认知只是自己的臆想而已。**

这时候最重要的是，身边最亲近的父母能够坚定地支持孩子，相信孩子，成为孩子的同盟。如果这时候连父母都觉得孩子一无是处，那孩子只能越来越消沉了。

在此基础上，经常对孩子说积极向上的话，例如，“海斗你很棒，不是一直细心照顾妹妹吗？”“暑假时每天努力写日记，很好！”……具体夸赞孩子做得好的方面，孩子很快就能恢复自信。

NG

- 你到底要拖到什么时候？
- 那是很久以前的事了，赶紧忘了吧。

OK

- 这件事不光有坏的方面，你想想还有什么好的方面吗？
- 你的优点，我一直关注着。

交流要点

- 让孩子认识到消极的自我认知，只是自己的臆想而已，不用太计较。
- 经常具体地夸赞孩子做得好的方面。
- 用实际行动向孩子表达，父母无论什么时候都是孩子坚实的后盾和支持者。

自信篇 / 09 /

担心孩子这一点

做事拖拖拉拉，觉得自己做不好而畏缩不前

结衣好像对自己没有自信，做什么事情总是犹豫不决。父母很着急，但每次给她做思想工作时，她就会哭，现在不知道该如何对待。

告诉孩子挑战目标是件快乐的事情

结衣总说自己什么都办不成，果真如此吗？

那就试着问问她：“迄今为止，你没有做好过任何一件事吗？”因为不可能真的没有一件。

她有可能回答说“没有”，这时候家长要接着对她说：“但是，我知道你把房间收拾得很干净！”“你帮我叠了衣服，真是省了我很多工夫！”……可以举出一些微不足道，但她却做得很好的事例来夸奖她。

在不断被肯定、被感谢的过程中，孩子就会开始觉得自己也是有用的，就会变得充满自信。就像这样，慢慢帮孩子积累小小的自信也是一种办法。

另外，大人敦促孩子树立目标也很有效果。

一边要极力夸奖孩子，一边要若无其事地询问孩子真正想达成的目标是什么。

我辅导的足球队中，曾经也有一个问题儿童。他个头高大、体能看起来也相当不错，但完全没有干劲，很明显他也不想参加我的研讨会。

有一天，我把足球队分成了几个小组，让他们做游戏。大家都很有兴致，比赛氛围一下紧张起来的时候，我趁机对这个小孩大大夸奖一番："你带起的头儿，真棒！"

第二次再见到他的时候，问他的目标是什么，他回答说是"正式队员"。

我说："正式队员？嗯，目标可以再高一些。"

"那……进五个球。"

"不错，那就把进五个球定为目标吧。你会不会想着哪天能实现这个目标而兴奋不已呢？"

从那以后，每次见到他，他都会非常开心地向我汇报："教练，我最近进球了！""教练，我又进球了，还剩三个球。"之前明明一点儿干劲都没有，现在变得全身心地认真投入到足球当中。

当孩子明白挑战目标是一件非常快乐的事情时，他就会变得热情高涨。

NG

- 你一直犹犹豫豫的，真烦。
- 你对自己自信一些。

OK

- 你也有很多事情做得非常好。
- 你的目标是什么？我会支持你的。

交流要点

- 孩子做得好的事情不要忽视，而是要及时夸赞，日常很小的事情也不要放过。
- 敦促孩子确立目标，稍微进步一些就大力褒奖。
- 通过言行表达对孩子的支持。

自信篇 / 10 /

担心孩子这一点

被别人寄予期望就会当作压力而失败

教练一对小俊说“我很看好你”，小俊就会很有压力，变得精神紧张而输掉比赛。他觉得自己总是辜负他人期待，很是窝囊，一到比赛就会忧虑不安。

把“期望值”降低，变成“信任”的种子

任何人都能感受到压力。我会对缺少自信的运动员说：“无法实现的梦想不要告诉别人。”因为一旦公布，对于某些人来说就会成为巨大的压力。而且，当别人看到自己的现实状况和梦想之间差距甚远时，自己就可能成为周围人的笑柄，被周围人否定。

当别人无数次地说“这种事情你怎么会？”，“我不行”的想法就会无数次地印在自己心里。于是，当遇到丁点麻烦，就会觉得自己“果真还是办不到”，接着就想放弃。

实际上我也有相同的经历。前面说过我之前打棒球，在小学六年级的时候，有一场非常重要的比赛，我突然被点名头阵出场。因为队里还有三四名非常棒的投手，我以为我会作为一垒手出场，结果这样安排让我方寸大乱。

也是因为没有做任何准备，惨败而终。而且在回校的大巴车上，教练这样对我说："我那么看好你，结果……"我没有高兴，这句话像尖刀一样深深地扎进我的心里，我开始固执地认为"绝对不能辜负别人的期望"。从那以后，我就一直担心"万一失败了怎么办"，慢慢开始讨厌起当投手这件事。

现在回想起来，**突然发觉即使被别人寄予了厚望，也没有必须要实现的义务。**当孩子被别人寄予了希望又没有实现而低落消沉的时候，可以跟孩子建议："你没有必要觉得绝对不能辜负教练的期待。"

父母要信任孩子，而不是寄予厚望。

"我希望你……"这句话前面有一句潜台词是"我不知道你能不能行"，而**"我相信你"这句话的潜台词则是"你绝对能行，百分之百成功"的强烈信念。**因此，向孩子表达**"我相信你"**非常重要。

之前有人向我述说害怕父母，特别是母亲给自己的期望太高，如果孩子没有得到身边最亲近的人的信任，那么无论到什么时候都无法去掉自我限定的盖子。

NG

- 什么嘛，又输了？我明明那么看好你……
- 我对你充满了期望，所以要加油！

OK

- 我一直相信你能行。
- 你不要想着回报别人的期待，而是要为自己努力。

交流要点

- 不要否定和嘲笑孩子的梦想。
- 向孩子传达不需要遵从周围人的期待。
- 要反复强调“无论结果如何，父母都会相信你”。

自信篇 /11/

担心孩子这一点

临近重大比赛就怯场和焦虑

陆司一直专心练习乒乓球，今年立下要在全国大赛上拿冠军的大目标。然而，他在地方比赛中就陷入苦战，自己觉得这样下去很难进入全国大赛，就渐渐丧失了信心。

做好“心碎”的思想准备，在一旁守护孩子

我认为“心碎”是人生中的一个必要经历。发起挑战又被打翻在地的过程如果能尽早经历，孩子就能尽早学会重新站起来的方法。

长大成人后，会遇到各种各样的困难，有时甚至遍体鳞伤。如果之前没有经历过挫折，跌倒的时候就不知道该如何修复自己的内心，也就无法重新振作，进而成为一个害怕失败而不敢再次发起挑战的人。

遇到困难克服困难，再遇到困难再克服困难，在不断积累经验的过程中，孩子身上就会储备起生存的力量。

因此，**父母就要认识到“这是现在必须经历的一个环节”，抱着这种信念，以豁达的心态在一旁守护。**原网球运动员杉山爱的母亲曾说过：“我非常看重等待的过程。”

当孩子马上就要被压力压垮的时候，父母不是伸出援手，而是站在一旁静静等候，相信孩子能靠自己的力量站起来。

有时会有一些手足无措的父母前来咨询：“我感觉我的孩子快要被压力压垮了，我该怎么办呢？”

当我告诉他们“这是人生必要的经历”时，他们往往会这样说：“他已经失败了好多次，我想着如果这次再没有什么成果，那就太可怜了……”

我非常理解这种心情，但如果父母的热切程度超过孩子，反倒会成为孩子更大的压力来源，因此，父母必须要有豁达的心态。

如今去公园会发现，但凡有一点点危险的游乐设施，都被撤掉了，攀登架也几乎不见踪影。如果像这样过度保护，那么孩子就不知道危险和安全的界限在哪里。

稍微经历一些失败是没有关系的，孩子会从中学习到如何解决问题。**强行夺走必须经历的失败，就相当于强行夺走了孩子成长过程中的必要环节——挫折教育。**

NG

- 你把目标降低一些怎么样？
- 你可能一开始就不行。

OK

- 受挫之后的经验非常宝贵。
- 现在为了取得成果，付出代价的过程非常重要。

交流要点

- 在一旁守护孩子，让孩子认识到失败也是成长过程中的一段有益经历。
- 父母豁达的心态能让孩子更安心。
- 过度保护会夺走促进孩子成长的必要经历挫折教育。

自信篇 /12/

担心孩子这一点

看到竞争对手势头好，就会焦躁不安

圭介的竞争对手现在如日中天。之前比赛大多是圭介获胜，这次他则有可能会输掉，一想到这些，圭介就坐立不安。

告诉孩子好的竞争对手会促进自己成长

对手的状态好不好，真的很重要吗？

我看过许许多多运动员，太过于在意对手的状态，就会迷失自我。无论是学习还是运动，**最重要的是在紧要关头自己是否能够发挥得淋漓尽致。**无论对手状态好还是状态不佳，只要自己能够发挥得得心应手就可以了。

一流的选手更希望竞争对手处于绝佳状态。当专业高尔夫球手泰格·伍兹遇到对手马上通过轻击球[1]就击败自己的时候，内心会祈祷“球进”。这样自己的斗志才会更高，因为对手是一流的，那自己也必须是一流的才行。

1 轻击球：打高尔夫时，在草地上瞄准洞穴轻击棒击球，使球滚动。也叫“短打球”。

在泰格·伍兹的自我认知中，参加世界顶级比赛时的自己在闪闪发光。只有拥有了坚不可摧的自信心，才会期盼与对手进行最顶级的比赛。

因为他知道，只有与顶尖的对手竞争，自己才能获得成长。然后，在这种层次上战斗力强的人越多，越能体现自己的价值。

这就是顶尖运动员与普通运动员的差别所在。因为他可谓是拥有世界顶级的强韧心灵，所以才能得到世界顶级的荣誉。泰格·伍兹虽然也因丑闻和腰伤等原因进入了低迷期，但2022年又有了复归的迹象。之所以有这场复活大戏，也是因为他有和结果相符合的强大心灵。

因此，要教给孩子“在高水平的比赛中切磋磨炼是一笔宝贵的财产”。如果孩子担心输给对手，那就这样说：**“对手的成长也是自己的成长。”**另外，还要督促孩子把精力集中到自己现在正在做的事情上。

告诉孩子：**“只要你自己的实力得到充分发挥，那就可以了。”**

NG

- 要是那个孩子状态不好就好了。
- 你要是输给了那个孩子就太丢人了。

OK

- 能和他一起提升水平呢。
- 能发挥自己的最佳状态，这是最重要的。

交流要点

- 告诉孩子一流的选手都有一流的对手。
- 告诉孩子对手是帮助自己提升的伙伴。
- 告诉孩子只有在高水平的比赛中才能获得成长。

column

用“感谢笔记”提升斗志

当我的运动员因为不出成绩而痛苦烦恼的时候，我会这样问他们：“现在虽然是这样的状况，那你想想有什么值得感谢的地方吗？什么都可以，再小的事情也可以。”好多事情都是太过于平常，以至于我们经常会忘记感谢。

我发给他们一本小小的记事本，会要求他们把该感谢的事情一天写一个。为了让他们的心情更好一些，我就故意选了金色的稍微高级一些的记事本。其实什么样的记事本都可以，只要是能够让自己恋恋不舍的就行。

因为我规定不能写重复的事情，所以他们基本一个月就把能写的都写完了，于是就不得不降低感谢的标准，就会把目光投向之前觉得理所应当的事情上，比如“今天是个好天气”“今天午饭的牛肉盖浇饭很好吃”……

像这样每天不停地询问，就会变得常怀感恩之心，斗志也会更高昂，也就更容易出成绩。有的父母和孩子之间相互写感谢信给对方，读完感谢信之后才就寝。和孩子一起试试这种方法吧！

Chapter 3

教孩子走出逆境的方法

担心孩子这一点

每次遇到不顺心的事就想中途放弃

友香参加了学校里的软式网球[1]俱乐部。但每次输掉比赛或是被教练提醒，就吵着“再也不想在俱乐部了”。

1 软式网球：软式网球诞生于日本，它使用的球为橡胶球，需要充气，并对气压有一定要求，球拍比网球拍要小，材料和网球拍差不多，使用的大多是钛合金。软式网球的场地与网球场地相同，有沙地和沥青涂塑地等。软网的记分规则与网球也不太一样，同时软网比赛时间较短，要求队员能够很快进入状态，对队员心理承受能力要求较高。（以上信息来自搜狗百科）

如果真的不想学，就让孩子暂时离开

我认为孩子如果真的想离开，那就让他暂时离开。虽不能说继续下去完全没有意义，但如果孩子已经感觉到厌烦或是完全没有了兴趣，就没有必要强迫他继续下去。

只不过要先认真询问一下孩子，具体是什么原因要离开。父母在询问孩子时，一定要站在孩子的立场耐心倾听。如果以“中途放弃可不行”这样批评的态度对待孩子，孩子就无法说出自己想说的话。

如果双方能坐下来好好谈谈，彼此心情也就能更加畅快，根据孩子说出的理由也有可能会得出继续坚持的结论来。

例如，孩子说：“我真的很喜欢网球，但输了就会很不甘心。”这时候，家长就可以这样建议：“无法顺利取胜的时候，才是悄悄成长的时候。”

这时孩子有可能会重新考虑，说：“有可能是那样的，那我再坚持坚持。”如果孩子说：“因为无聊！”那就问问孩子到底为什么感到无聊。

“因为老是输。”

“那，如果赢了的话你会有什么感受？”

“开心。”

“那你思考一下，为了赢得比赛该如何做才好呢？”

像这样刨根问底地追问孩子不想干的原因，有可能会找到别的解决方法。

实际上，攀登到顶峰的选手们往往满足的不是结果，而是不断成长的自己。因此，家长要引导孩子把目光朝向这一方面。

“你之前经常会发生双发失误，现在都可以开出很精彩的首发球了，这些小小进步积累起来就会很快乐。”

要教孩子认识到今天的自己比昨天的自己更好。

即便如此，如果孩子仍旧想放弃，那就尊重孩子的意志。因为本人喜欢做的事情，能够全神贯注去做，才可能有更好的结果。这时候，大人可以再推孩子一把，“那么，你就试一试做让自己真正快乐的事情吧！”

NG

- 不坚持到最后可不行。
- 半途而废真是没有毅力。

OK

- 你给我讲讲想放弃的原因吧！
- 来找一找有没有别的感兴趣的事情想去做。

交流要点

- 没有必要强迫孩子去坚持做自己不想做的事情。
- 明确孩子之所以想放弃的原因。
- 敦促孩子做自己真正开心的事情。

强大心灵篇 / 02 /

担心孩子这一点

练习时表现得很好，真正上场就会失败

正在学钢琴的朱里在日常练习中表现很好，不用看乐谱都能弹得很流畅。可是一到正式演出连一首完整的曲子都弹不下来，她总是因为恨自己不成器而流泪。

保持平常心，充分做好赛前准备工作

朱里的例子并不少见，在正式演出时，她可能是因为“我必须要弹好”的心情过于强烈而失误。我这样问朱里：“演出的时候，你在想什么？”

她说：“我当时想给所有听众留下好印象，想在演奏完的时候得到雷鸣般的掌声。”

朱里的注意力完全没有在弹钢琴上，而是转到了得到听众的认可和夸赞上。换句话说她特别想掌控留给别人的印象。

越是重大的演出，越难保持平常心。因此，要在接受认可这一点的基础上，去做一些力所能及的准备。

首先，要在登台演出之前，与孩子一起思考最应该专注的事情是什么。要想出两三个，最多总结三个写在纸上。例如朱里的例子，就是“静下心来弹钢琴”“开心地演奏”“全神贯注地演奏”。**让孩子的注意力不要放在听众上，而是在演奏上。**

而且要叮嘱孩子“把这张纸带到演出现场，在马上开始演奏的时候看一眼”。

通过事先做好准备清单，让孩子在真正上场之前想起重要的事情。

大部分运动员在重要比赛前都会紧张。我经常在他们比赛之前发信息，我会仔细考虑时机，在他们临上场之前尽量发一些简短的话。比如：**“现在，觉得很感恩的是什么？”**总之我坚持的原则就是倾听他们的讲述，大体的感觉是“调动情绪”，而不是“加油打气”。

使用“感谢”这一词汇，会稍微改变孩子的思维方式，感谢能够让感情升华。这样，孩子就能从负能量的循环中摆脱出来，更容易拿到好成绩。这个方法请务必试一试。

NG

- 为了不再失败就加油努力吧！
- 明明练习的时候还行，你这就是“上台病”。

OK

- 为了能在真正上场的时候回想起来，咱们事先把重要的事情写下来吧。
- 观众的印象你是无法控制的。

交流要点

- 告诉孩子，在正式比赛中紧张是自然而然的事情。
- 事先做好准备，建立在正式比赛中能够发挥力量的机制。
- 在临上场前，发送一些含有“感谢”“幸福”等关键词的信息。

担心孩子这一点

每次输掉比赛都会发脾气，闹情绪

小敦之前成绩非常好，但一输掉比赛就会不高兴，也不爱搭理人，有时会把气撒在物品上。家长越是批评教育，他越是大吵大闹。

拥有强大的内心是成功的前提，以冠军的行为举止要求自己

就算是专业运动员，也经常会有输了比赛就闹别扭、乱发脾气的情况发生。

空手道运动员输了比赛会踢墙，网球运动员输了比赛会把球拍摔坏……这种场面出现在电视上已经见怪不怪。我也听说过专业的棒球运动员在私底下会啪嗒啪嗒地摔球棒。

当然，在赛场踢坏墙壁、弄坏体育用品都是不对的，用力太猛弄得自己受伤更是糟糕。就算是要发脾气，也要有个限度。

当遇到闹情绪的选手时，我会这样问：

“你的行为举止，与冠军相符吗？”

对于运动员来说，最重要的是自己身上是否具有与成绩相符的精神状态。

如果想成为世界顶尖选手，就要先有与之相符的人格。一旦拥有了这样的人格，好成绩就会不请自来。朝这个方向引导，就是我作为心理指导教练的职责。

但大部分人都想错了，以为只要变成了世界顶级选手，就会自然而然地拥有相应的举止行为，也会拥有强大的内心。

实际上正好相反，**拥有与顶尖选手相符的精神在先，之后才是出成绩的事情。**

因此，当孩子闹情绪的时候，就这样问他：

“刚才的行为举止，与冠军相符吗？”

除此之外就不要再说别的，而是静静等待直到孩子有所发觉。

如果这时家长一下说出了“不符合”，孩子可能就会顶嘴说“这我知道”。

可以反复问孩子这个问题，直至孩子能够主动反思自己的行为。

当孩子能够自发地提出这个问题的时候，也就证明他身上已经萌生了主动性。

NG

- 就算输了，你这又是什么态度？
- 不许撒泼，快去反省！

OK

- 你刚才的态度是否与冠军相符？
- 这真的是与成绩相符的精神状态吗？

交流要点

- 孩子闹小脾气就睁一只眼闭一只眼。
- 不要批评和指责。
- 让孩子思考自己的行为是否有冠军的样子。

担心孩子这一点

反复提醒也不听

裕也在考试前还在玩游戏，大人提醒他赶紧停下，他反过来顶嘴说“你们真烦，别管我”，最后就会吵起来。

让孩子想象“最糟糕的未来”，接受自然后果

确实有一些孩子会觉得父母的提醒非常烦。特别是这种情况——自己内心也觉得必须得停下来了，这时候父母一提醒反倒想顶嘴。所以，父母不要说“请不要再玩游戏了，快去学习”之类的话，而是这样来问：

“如果一直不学习，这样下去的话，那么未来会怎么样呢？”

让孩子想象“最糟糕的未来”。

“如果一直不学习，那么名次就会成为年级倒数的，到时候会是什么样的心情？”

问完之后就不要再说什么，而是等待孩子自己思考，开始行动。

家长总是忍不住要控制孩子。**但孩子跟父母是完全不同的人，不可能完全按照父母的意志行动。**所以父母尽量保持在一旁守护的态度。

我在当教练的时候，有时候也会让运动员们想象“最糟糕的未来”。对不想进行基础训练和反复积累的人，我会这样问：

“长期不进行基础训练，一年后会怎样？”

选手就会回答：“这样下去会很糟糕吧……”

我会继续追问：“虽然不想让你们想象，要是不进行基础训练，三年后会怎样？”

人类行为原理中，有个**“快乐原则”**——人会本能地回避痛苦，或是为了追求快乐而行动。

当他们不断推迟基础训练的时候，对他们来说“不训练”就是一件快乐的事情。但**让他们想象最糟糕的未来的时候，“不训练”就成了一件痛苦的事情。**于是，为了避开这种痛苦，就会选择训练。

另外，这里非常重要的一点是，一定要选择“提问式”。很多父母喜欢用“快去……”这种一刀切句式，前面也提到过，这样的说话方式很容易让孩子起逆反之心。

NG

- 老是打游戏，你差不多行了！
- 你到底什么时候才能学习？

OK

- 如果一直打游戏，那么未来会怎么样呢？
- 如果成了年级倒数那一名，你会有什么感觉呢？

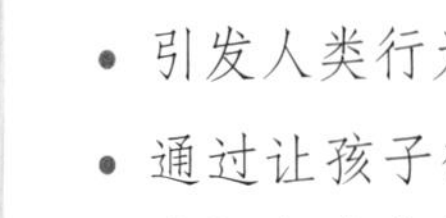

交流要点

- 引发人类行为的往往是“快乐”或是“痛苦”。
- 通过让孩子想象“最糟糕的未来”，把“持续玩游戏”变成痛苦的事情。
- 不要总想着控制孩子，而是要等待孩子自发行动。

担心孩子这一点

每逢考试必会生病

咲良每到定期测验之前都会生病，然后借口说因为身体原因所以考试成绩才不好，每次都会这样。

提升孩子的自我效能感，遇事不再逃避

我想每个人都有过这样的经历吧，一到考试，就特别想收拾收拾房间，想去看看漫画什么的。还有，有些孩子在成绩出来之前也会找借口说“这次没好好复习，成绩肯定不好”。

这些行为被称为“自我妨碍（Self-Handicapping）”。这是为了预防自己在失败时自尊心受到伤害而提前预设的防线。在考试之前生病也是同样的心理，可以说是在无意识当中促使身体生病的。

因为身体状态不好，因为考前看了漫画，所以成绩不好，并不是自己没有能力考好——孩子通过这种想法来保护自尊心。

所谓的自尊心，指的是从别人评价中而产生的满足感。

因此，越是自尊心强的人，越是害怕别人对自己的评价降低，就会极其讨厌失败。万一以后失败呢，就提前把打击降到最低线而自我妨碍。

所以要理解孩子在做事之前先找借口、考试之前身体不适等行为背后有这样的心理。并不是孩子想找借口，而是他要掩盖自己没有信心的事实。

其根源在于孩子的“自我效能感”低。自我效能感（Self-Efficacy）虽然与自我肯定（Self-Esteem）很相似，但指的是面对某项任务时，相信自己有信心和能力完成。

自我效能感低的孩子，在根本上不相信自己，所以才会觉得“就算是认真学习也不会有好成绩”“这次肯定还是失败”，就会不断想象这种消极的未来。

因此，他就不会有任何干劲，也不会付诸行动。好不容易开始行动又会采取非常消极的态度，也就不会取得好成绩。这又会让自己的自我效能感进一步降低，如此循环往复。

而自我效能感高的孩子，会积极地认为“自己能够达成”“一定能顺利实现”，所以对任何事情都充满了挑战精神。这样就会产生好的结果，随着成功的经历不断积累，自我效能感又会得到进一步提高。就算是失败了，他也不会气馁，而是再次发起挑战。

我认为，在孩子的幼年期，父母对待孩子的方式会对孩子的自我效能感产生极大的影响。

例如，孩子考了80分回家的时候，你会怎样跟孩子说呢?

“哎呀，你都考了80分呢，真不错，你真的用功了。”

还是：“哎呀，你怎么只考了80分，不努力不行啊。”

到底是哪一种更能给孩子带来自信，结果不言而喻。

总是被否定、被比较的孩子，自我效能感往往比较低。如果你觉得有道理，现在开始行动也不迟，慢慢改变对孩子说话的方式。

提出“自我效能感”这一概念的心理学家阿尔伯特·班杜拉提出了四个可以提高自我效能的信息源。

①成功经验

指的是达成目标的经历，如愿获得理想成绩的经历。越是克服困难、刻苦拼搏达成的目标，自我效能感越高。成功经验是巩固自我效能感的最大原因。

②替代经验（模仿）

观察他人获得成功、达成目标的经历，感觉自己也能够做到。模仿对象可以是朋友、艺人、名人等，越是与自己相近的人，越会感觉到“他能行，我也肯定行”，越是有效果。

③言语劝说

周围人不断对自己说“你绝对能行”。

④生理性情绪唤醒

当自己感觉到快乐、积极向上时，自我效能感就会高涨。

基于以上原理，为了提高孩子的自我效能感，家长不要横加指责，而是着眼于孩子做到的事情上并加以表扬，时常激励孩子“你能行”。让孩子观察周围成功者的榜样，家长注意在这些方面多加引导。

NG

- 你怎么老是找借口?
- 你就是没有好好学习，所以才考这么点分。

OK

- 你一定能达成目标的。
- 你这不是做得很好嘛，太厉害了。

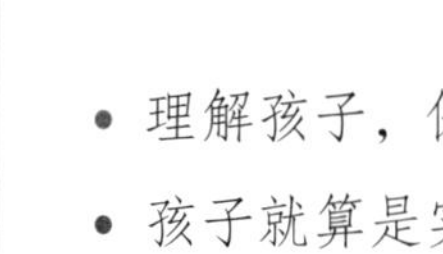

交流要点

- 理解孩子，保护孩子的自尊心。
- 孩子就算是实现了很小的目标也要及时夸奖。
- 对孩子反复表达“你绝对能行”。

担心孩子这一点

重大比赛前总是状态不佳

马上就要到县比赛了，诗织的目标就是赢得这场比赛，冲进全国大赛。但她明明非常刻苦努力地练习，状态却怎么也提升不起来，很是焦虑。

状态不决定结果，只专注正在做的事情

抱有与诗织同样烦恼的选手不在少数。这时候，我会这样问：

“现在离比赛还有一周时间，你想现在的状态达到顶峰吗？”

这时大家都一下变得哑口无言。

因为大家都想着最好比赛当天能达到最佳状态，现在没有必要达到顶峰。但大家又都是一旦状态不佳，就想着必须做点什么，要不然就会很焦虑。于是平常不太做的事情，这时也忍不住做起来，这样一来状态就越来越奇怪。

这里的关键点在于，孩子对之前的积累能够有多大程度的自信。当孩子开始焦虑的时候，就这样鼓励他：

“你之前已经做好了充分的练习，所以只要相信自己就行。”

另外还有一个方法可以去除孩子的臆想。

曾经有位投手问我："我总是在比赛当天状态不佳，该怎么办才好？"我就稍带调侃的语气问他："那你状态不好的时候是没办法压制住对手吗？"

他回答说："也不是。"

我接着说："是吧，那如果成为一名即使状态不佳也能打败对手的选手怎么样？"

"听起来不错。"

"那咱们朝这个方向考虑，不要被状态所束缚，尽自己最大的努力才是最重要的。"

说到这里，他用力地点了点头。

孩子们会想当然地认为"状态不佳成绩就不好"，但无论什么状态都能出结果的人就能取得好成绩。

因此，重要的不是比赛当天的状态，而是将注意力集中在发挥现有的力量上，这样做自然而然就会获得好结果。

NG

- 到现在你都在干什么？
- 还剩一点点时间了，就算是焦虑又能怎样？

OK

- 你已经做好了充分的准备，所以没有问题。
- 现在尽自己所能，加油吧！

交流要点

- 告诉孩子状态的好坏不会影响结果。
- 让孩子的注意力转移到现在能做的事情上。
- 让孩子相信自己。

担心孩子这一点

中途领先最后必被反超

参加游泳比赛的菜月总是中途领先，到最后 20 米左右的时候速度开始下降，被别人反超，怎样才能咬牙坚持到最后呢？

告诉孩子别总用想象制造现实，幻想可以被颠覆

人类大脑往往无法区分想象和现实。例如，当我们看到有人把柠檬整个吞下而面目狰狞的录像时，自己的口水也会直往外冒，表情也跟着一起变得扭曲。

虽然我们没有真的吃柠檬，却能非常真实地感受到酸味。当想象作为影像被捕捉到的瞬间，身体也会产生相应的反应。可以说，是自己的想象在制造现实。

就像菜月认定自己是就算领先也会被反超的人，当意识到自己领先的时候，大脑就会条件反射地想象自己被反超的场景，于是就变成了现实，而且这种想象会任意地向坏的方向发展。

这时候，家长要尝试着用能够颠覆这种想象的提问方式问孩子。

“上次被赶超和这次，是完全一样的场景吗？”

这时候她这样回答道：“虽然都是 200 米自由泳，但比赛选手和场馆不一样。”

“是吧，不一样吧。”

这时就不要再说任何话，而是让她自己思考。

还有一种提问方式比较有效果。

“和之前一次相比，你真的没有任何进步吗？”

实际上我经常会这样问我的队员。

“场景完全一样吗？”

“不是，不太一样……”

“如果你一直觉得总是会输的话，未来人生会怎样？”

我虽然知道这样问会让对方心里非常痛苦，但为了让他能够注意到自己认为的事情只是幻想，所以才决心这么问的。

如果冷不丁地说“那就是幻想”，他本人还是会认为这是现实，不会相信你的话。因此，**通过提问的方式，来引导他自己察觉。**

NG

- 你总是在最后会被赶超。
- 你还不够坚韧，做得不够好。

OK

- 上次的场景和这次是百分之百一样吗？
- 你想想有没有比上次进步的地方？

交流要点

- 告诉孩子是自己的想象在制造现实。
- 让孩子注意到自己只是在把坏印象扩大化。
- 让孩子注意到这次比上次进步的地方。

担心孩子这一点

一次失败就退缩，不敢再次挑战

小晃在单杠练习中掉下来很多次，就觉得自己还会失败，从而不敢再挑战单杠。

失败是必经之路，从不失败才不会真实存在

任何人都会失败。失败是成功之母。不断经历失败是件好事，但本人往往不会这么想。像小晃已经认定了只要练习单杠肯定会掉下来。这时，可以这样问他：

“世界上有没有人一次也没有失败过？”

“我觉得应该没有吧……”

“那你为什么这么害怕失败呢？大家都会失败，为什么单单你失败了一次就要害怕呢？”

问完后，有恍然大悟陷入沉思的孩子，也有提出异议反应出乎大人意料的孩子，就算孩子做出了意外的反应，但这些问句也足以成为孩子反思的契机，所以，请大人不要气馁，而是要坚持在一旁守候。

在我当教练的时候，也有赌气不练的运动员，比如有一名运动员就跟我诉苦说“无法从竞技比赛中体会到乐趣”，于是我这样问道：

“成功的人全都做得不开心，是这样的吗？”

“我觉得是，大家都看起来好辛苦。”

“真的吗？没有一个人做得开心吗？”

“倒也不是。”

“如果不是这样，那么你为什么会觉得没有一个人可以从竞技中获得乐趣呢？”

面对脸红耳赤提出异议的他，我接二连三地抛出问题。最终他开始沉默不语，当天，我收到了他的母亲发来的信息。

“今天我儿子说他很无聊，到底发生了什么事情？”

我回答说：“那是因为我说了很多刺耳的话。”

但当月他的成绩异常突出，他自从和我谈话之后，亲眼看见了那些能从竞技中获得乐趣的选手们，开始注意到自己之前的错误。现在他还会给我报告说自己乐在其中。就算是当时没有马上理解，这些问题也会停留在他的脑海里，成为引导自己走向真相的路标。

NG

- 失败一次，就这么胆小怯懦，你还想怎么样？
- 你这样是想要成功的气魄还不够！

OK

- 世界上有永远不会失败的人吗？
- 有谁规定了失败几次就会连续失败呢？

交流要点

- 提问的时候，有可能会得到意想不到的回答。
- 让孩子注意到自己只是被失败的印象暂时迷惑。
- 告诉孩子不经历失败是无法成功的。

担心孩子这一点

推卸责任，把一切不顺归咎于别人

启太每次考得不好就会怪老师教的方法不对，每次迟到的时候就会怪父母没有及时叫他起床，从来不会承认自己身上的错误。

询问孩子怪罪别人是否对自己有益，对事情有益

把失败的原因归咎于别人，有可能会保全自尊，但这样不光没有任何收获，自己的信用也会一落千丈。反过来，从自己身上找原因，能够让自己学会谦虚和内省，才能获得进步。

面对常常找别人不是的孩子，你可以这样来问：

“考得不好就怪老师，这样会有什么好处吗？”

孩子就会哑口无言。

大人这时就不要再说任何话，只需静静等待。这个问题就会像尖刀一样“扑哧”一下刺入孩子心中。

当孩子能够觉察他把失败的原因归咎于别人不会有任何益处时，就会慢慢发生改变。

如果家长责骂孩子，说他“老是找别人原因”，那么效果就会微乎其微。因为越是责骂孩子，孩子为了保护自己，越会认为是别人的错，找各种借口为自己辩护。

说到底，孩子为什么会变成这样？我认为也有父母过度批评这一原因。

如果家长总是不分青红皂白地批评孩子，孩子想着又要被骂了，就会通过找借口的方式来保护自己，这种情况时常发生。所以孩子就会变得把失败原因归咎于别人，任意发泄感情。

家长可以拿一张纸，把最近与孩子发生的具体冲突写下来，看看是不是自己不问清原因就先训斥孩子，具体因为什么事情而生气，好好反思自己的行为。

另外，如果父母强行让孩子走家长为他铺设好的道路，当孩子遇到不顺的时候，他就会怪罪父母。

孩子的人生是他自己的。如果**父母把自己的意愿强加给孩子，那么肯定会有些地方发生矛盾冲突。**我见过许许多多总是满口抱怨而不求进步的孩子。因此，大人要慎重，不要强迫孩子来实现父母的心愿，而不是让他做自己真正想做的事情。

NG

- 你老是动不动就怪别人。
- 失败的不是你自己吗?

OK

- 把错误归咎于老师，会有什么好处吗?
- 你觉得怪罪别人自己会获得成长吗?

交流要点

- 家长要反思平日有没有过分批评孩子。
- 让孩子知道怪罪别人不会有任何好处。
- 家长不要把自己的意愿强加给孩子。

担心孩子这一点

不敢正视问题，总推脱与自己无关

某天，班主任突然打电话来说：“你们家的光太郎在学校欺负健斗，我想问问他在家是什么情况。”母亲非常震惊，连忙追问光太郎，结果他却说跟自己没关系，假装不知道。

心平气和地关注问题，让孩子彻底面对自己

当孩子对自己的事情也漠不关心的时候，家长需要引导孩子面对问题，自己去解决。

首先要对事实确认。

可以问孩子："真的和你没关系吗？"

他可能会说："嗯，没关系。"

如果孩子坚决不承认，可以继续问：

"那班主任为什么会打电话来？"

"那是班主任觉得是那样子。"

"那我去学校确认一下可以吗？"

去学校确认之后，确定孩子是在说谎，就这样问：

“为什么要撒谎呢？”

孩子之所以会撒谎，大多是害怕父母批评。但关于这一点不要问得太直接，而是要委婉点出来，如果孩子回答不上来，大人就什么都不要说，静静地隔开一段时间，以求孩子能够内省。

千万不能劈头盖脸地批评孩子，责骂孩子，这样只会让他成为一个不能正视问题只会逃避的孩子。**重要的是，家长不要试图通过逼问让孩子招供，而是让他能真正面对自己。**

在家长与孩子日常的交流中，孩子自然而然地开始关注内心。为什么会欺负别人，对方会是什么样的感受……最后孩子会注意到自己内心的脆弱。

孩子做出一些问题行为，都是他成长的机会。家长不要通过批评来矫正，而是促使孩子内省，让他自己注意到错误所在。

当你觉得自己身处逆境时，如果能够好好面对，就会成为推动自己前进的顺风，即便是逆风，只需改变自己身体的方向就会变成顺风。大人只要培养孩子认真面对眼前问题的强大心灵，那么孩子无论遇到什么样的困难也就能自己克服。

NG

- 欺负人怎么能行？
- 你心眼儿真坏！

OK

- 为什么要做那样的事情呢？
- 撒谎到底是为了保护什么呢？

交流要点

- 先平静下来，不要批评和责骂孩子。
- 引导孩子正视问题。
- 等待孩子反省并自己发现问题。

担心孩子这一点

一旦被别人否定就会变得冲动易怒

小聪和朋友意见不合的时候，一旦被朋友否定说“你不对”，他就会火冒三丈，进行激烈的反驳。就是因为这样，他经常会跟朋友吵起来。

意见不同才能互相成长，要学会接纳不同的价值观

有些人当自己的意见被对方反驳、否定的时候，就会觉得自己的人格也被否定，往往会生气发怒。特别是人生经历特别少的小孩子，很容易这样想。

这时候大人需要告诉孩子：每个人意见不统一是理所当然的，朋友并没有去否定小聪本人。

“每个人都有各自不同的意见是吧，比如，你觉得狗比猫聪明，小纯则有可能觉得猫比狗聪明。到底谁对谁错，没有定论是吧？正因为意见不统一，双方才能更深刻地去思考，得到新的想法，更能了解对方不是吗？**就算意见不一样，也不代表小纯讨厌你，更不会把你当傻瓜。**他只是说你们俩的想法不一样而已。”

意见没有对错之分，正是因为有各种各样不同的意见，才有相互交流的意义，自己才能成长，大人需要让孩子深刻理解这一点。

另外，大人还需要询问一下孩子，到底是什么样的情形才发展成吵架。这时，不能责备孩子说他错了，而是要随声附和，深表赞同地倾听。

当家长听完所有经过，可以提出孩子完全没有注意到的事情或是 180 度大转折的观点。

“说不定小纯有可能是这样想的，**你觉得呢？**”

如此一来，**当孩子养成了去思考为什么对方会这样说，以对方的视角审视问题的习惯时，就算是被反驳，也会变得能够冷静接受。**

站在对方的角度考虑，接纳多样的价值观，是进入社会的必要条件。从孩童时期开始，就社会问题、日常突发事件等在家庭内部讨论，以培养孩子对任何事情都能够有质疑的精神。

NG

- 你怎么老是发脾气呢？
- 别固执己见，你也好好听听别人说什么吧！

OK

- 存在各种各样的意见是件好事。
- 他只是说你们的看法不同，并没有说你不行。

交流要点

- 告诉孩子只是意见不统一并不会否定人性。
- 让孩子思考当时对方是什么样的心情。
- 在家里养成父母与孩子之间就各种发生的事件讨论的习惯。

column

要有实现梦想的决心和行动才能成为顶尖

“想成为这样”变成“必须成为这样”——这是足球选手本田圭佑[1]说的一句话。他还在他的小学毕业作文中这样写道：“与其说‘想成为’，不如说‘会成为’世界第一的足球选手。”当我们收集了世界顶尖选手所说的话，就会发现他们的思维方式跟常人不一样。

常人会坚决认为“必须省掉无用功”，但现已退役的棒球大联盟选手野茂英雄[2]却说“无用功是营养”。因此，他能够不断地学会“无用的事情”，看上去像是在绕远路，但对他来说这反而是捷径。

1% 的成功人士与 99% 的普通人是按照完全不一样的思维方式生活的，而且他们还很笃定。他们从小开始就会认定自己“一定能够成为棒球大联盟选手”或“我一定会在奥运会上取得金牌”。不是“想成为”或“如果能成为那样就好了”，而是“会成为”。正因为他们有这样的思想觉悟，所以才能实现梦想。因此，如果大人希望孩子成功，那么也要认定这个孩子一定能够成功。

1　本田圭佑，出生于日本大阪府摄津市，日本足球运动员，柬埔寨国家队主教练，司职中场或前锋，效力于博塔弗戈足球俱乐部。他凭借出色的任意球技术，被称为“亚洲小贝”，曾在俄罗斯世界杯上凭借出色的表现，成为世界杯历史上进球数最多的亚洲球员。（相关资料来自搜狗百科）

2　野茂英雄，原美国职业棒球投手。龙卷风式投球为其特色，绰号“K 博士”“龙卷风”，是 20 世纪 90 年代以来亚洲球员渡海成功的范例，带动日本及亚洲球员的旅美风潮。

Chapter 4

促使孩子自主行动的语言

主动性篇 / 01 /

担心孩子这一点

命令孩子做才会行动，自己从不主动做

如果教练跟圣也说“你去练 20 个冲刺跑”，他就会去做，不说就不做。学习也同样，父母跟他说“明天就考试了，你要学习了”，他才开始学习。

激发孩子的内在动机

人类朝着目标采取行动的动机有两种，一个是外在动机，一个是内在动机。

前者指的是由规则、强制、名誉、他人的评价、不得不做等外在压力而产生的动机，而后者则是由好奇心、兴趣、喜欢、想做等自己内心涌上来的感情产生的动机。

外在动机的目的是得到周围人的好评，如果行动之后得到了夸赞，行动的兴致就会变高，但这可能并不是本人真心想做的事情，很快热情就会消散。如果不是别人要求自己去做，就没有任何想做的动力。那是因为自己无法提高兴致，圣也就是这种情况。

而内在动机则是由自己本身想干这一欲求支撑，就不会在意别人的评价。因为自己能够纯粹地享受行动本身，所以在达成目标之前会一直保持动力。即使碰壁，也能靠自己的力量克服。克服困难的过程又会变成一种乐趣。一旦达成了目标，又会继续挑战更难的任务，不断收获成长。

综上所述，只要是孩子本人喜欢的事情或是感兴趣的事情，就会特别有兴致。面对圣也可以这样问：

“你做什么事情会兴奋不已呢？”

如果他这样回答：“我喜欢昆虫，特别想养独角仙。”大人就要饶有兴致地对孩子说：“那咱们去山里抓吧，一起饲养独角仙的幼虫怎么样？”

如果家长非常讨厌昆虫，听到孩子这样说就会一口否定，那么孩子的热情就会一下子被扑灭。因此，家长就算是自己不太喜欢昆虫，也要隐藏在心中，先不要表现出来。

最佳的状态就是，父母也能乐在其中，并能够小心翼翼地守护孩子好奇心的萌芽。

NG

- 不用我一一说出来，你也得自觉做呀！
- 竟然喜欢蛇，你真是奇怪，太恶心了！

OK

- 你真正喜欢的事情是什么？
- 我们一起试一试你感兴趣的事情吧！

交流要点

- 由外在动机引发的行为不能长久。
- 由内在动机引发的行为能够让孩子成长。
- 大人对孩子的兴趣要充满兴致，表现出一起乐在其中的态度。

担心孩子这一点

无法平衡学习和课外活动

小树打篮球很卖力，回家的时候已是精疲力竭，吃完晚饭倒头就睡，根本顾不上学习，成绩一直徘徊在班级下游。

不用要求孩子必须平衡，让孩子做想做的事情

我的工作是不断追求各种可能性，所以我的想法是：自己想做的事情就让他做到底，没有必要强迫孩子必须要平衡。

如果孩子热衷于打篮球，那就支持他。因为这正是孩子在发挥主观能动性，不能压制。

每个孩子的目标不同，可以只专注课外活动，也可以全神贯注地学习，也有可能主动平衡两项。

有一名中学生，天资不是特别好，但他的目标是成为专业棒球队员，他很想上棒球方面特别强的都立高中。因此，在学习方面也需要努力。于是他拼命去平衡这两项，顺利考上了这所学校。高中时在棒球方面有所突破，大学时在棒球队表现极佳，终于实现了当专业棒球队员的梦想。

就像这样，当孩子感受到平衡的必要性时，就自然会主动学习了。

还有一名初中二年级剑道部的女生，虽然短期内在剑道上有巨大进步，但是她却对剑道完全失去了兴趣，所以她的父母就带她前来咨询。我问了她许许多多的问题，试着询问她真正想做的事情是什么。她回答说是想当护士。

也就是说，她最重要的不是要留下剑道的辉煌战绩，而是实现当护士的梦想。因此，她就特别希望能进T高中，但T高中的水平较高让她烦恼不已，后来得知她如果在剑道方面努力，就有可能通过体育推荐进该所学校，对升学有益。

她在咨询过程中，渐渐有所发觉。而且旁听的父母也改变了态度，不再强求孩子坚持剑道，而是支援孩子的梦想。后来她主动投入到剑道练习中，取得了辉煌的成绩，并升入了连补习班老师都说不可能考上的T高中。

不要强求孩子平衡各项，只要能够尊重孩子的意志，自然就能水到渠成。

NG

- 别光打篮球，不好好学习也不行。
- 如果没法平衡，那就别打篮球了。

OK

- 如果你想打篮球就打个痛快。
- 做自己喜欢的事情是最重要的。

交流要点

- 大人要明确态度，没有必要勉强孩子必须平衡。
- 大人要更加豁达，到了必须要做时孩子自然会做。
- 无论是课外活动还是学习，大人都要支持孩子相应的努力。

主动性篇 / 03 /

担心孩子这一点

做事总是三分钟热度，无法持之以恒

亚纪定了托业考试（TOEIC）500分的目标，决心每天用收音机听英语对话，但不到一周就放弃了。她一直都是这种状态，做什么事情都不能长久。

化繁为简，让孩子不断实现小目标

像亚纪这种情况，就属于日常的目标过大。当然，树立远大目标是件好事，但如果想一气呵成就会遇到挫折，热情尽失。

最开始是有干劲的，首先要让孩子回忆起当时的心情，然后通过谈话询问孩子无法持续的原因。

“之前学英语会话的时候非常用功，现在为什么不学了呢？”

“收音机里的英语对话完全没意思，而且托业 500 分对我来说还是太难了。”

“那咱们一起找一找更有意思的教材吧，托业考试也不要一下子就定 500 分的目标，而是阶段性地提升怎么样？”

我辅导的运动员中，也时常会有三天打鱼两天晒网的人，他们有基本的意愿，而且特别想在该项目上取得好成绩，但无法达成目标的日子一天接一天，他们就会讨厌起自己，最终放弃目标。

这时候，我会这样跟他们说：“先从小目标开始吧。”

把大目标细分化，从简单易做的事情开始是能够持续下去的秘诀。还要开动脑筋想一想该如何做让练习变得有趣。

亚纪这种情况，可以把教材变成自己觉得有意思的内容。

如果觉得难以每天坚持，那就一周一次，把托业考试的目标分数定为 300 分，降低难度。另外，定好每个月的目标，以达到阶段性进步。

像这样小小的成功积累起来，自我认定也就得到相应提高，对自己也就更有信心，动力就会提升起来，也就能持之以恒了。

NG

- 你真是没耐性。
- 无论你做什么反正都是三分钟热度。

OK

- 你觉得是什么原因坚持不下去呢？
- 你觉得能够做到的目标是什么？

交流要点

- 试着询问孩子无法坚持的原因是什么。
- 让孩子把目标细分化，从简易可行的目标开始。
- 小成功的积累有利于提升动力。

主动性篇 / 04 /

担心孩子这一点

容易见异思迁，无法集中精力做一件事情

龙太说自己想进棒球队，接着又想打篮球，还想学游泳、打网球……最近他又开始对音乐感兴趣，说想组建个乐队。

见异思迁也 OK，让孩子多尝试

我不觉得见异思迁是件坏事。可以说，有天才气质的人都会见异思迁，所以让孩子多去尝试各种自己感兴趣的事情，不也是件好事吗？

顶尖的运动员在儿童时期会做多项运动，学很多技能。例如美国棒球大联盟的选手大谷翔平除了棒球，还学了游泳，原网球运动员松冈修造也是。通过游泳，他们的肩关节更富有弹性，对网球运动大有益处。松冈修造的徒弟锦织圭同样拥有多项技能：游泳、足球、棒球、钢琴、英语对话……

在国外，儿童时期练习多种运动是一件非常平常的事情。多项运动经历和学习多种技能，能够为孩子打造坚实的基础，就能产生一流的成绩。

孩子想做的事情，就要不加任何限制地让他做。当他发现“这就是我想要的”的时候，再集中精力去做也不迟。

说到见异思迁，虽有一些消极的、负面的语言色彩，但对于好奇心极其旺盛的小孩子来说，倒不如说是件好事。

有句谚语叫“功到自然成”，人们认为最好长期坚持做一件事。但不喜欢的事无论坚持多久还是不喜欢，就没有必要忍耐着继续坚持，因为这不是修行。趁着孩子还小，让他多去尝试做他觉得有意思的事情，才能找到自己真正的乐趣所在。真正喜欢的事情能够坚持三年，那将是巨大的成功。如果能够助其一臂之力，作为父母没有比这更开心的事了。

我在 28 岁当上辅导教练之前，工作一直漂泊不定，算上打工我一共从事过 14 份工作。在辞掉临时工的工作时，店长曾经问我，你究竟想做什么？我什么都答不上来。因为当时自己也是如坠云海，一片迷茫。但我现在觉得，这些经历对自己来说都不可或缺。

孩子涉猎多个领域乍一看是绕远路，父母可能也会非常着急，但没有一种经历是白费的，都会成为以后的经验积累。

相信每个孩子都会有辉煌的未来，要想达到这样的未来就要积累必要的经历。父母要相信这一点，静静地在一旁守候，等待花开。

NG

- 真是的，一会儿干这一会儿干那，一点儿专注度都没有。
- 赶紧集中精力做一件事情。

OK

- 喜欢的事情都把它们做到尽兴怎么样？
- 我相信你身上有无限可能！

交流要点

- 让孩子多接触各种运动项目，多学习一些技能会让孩子有长足的发展。
- 儿童时期的所有经历对孩子来说都是必要的。
- 相信并守护孩子美好的未来。

担心孩子这一点

遇事容易抱怨，最后什么都不做

航平宣布今天开始马拉松的练习，但他一会儿说“跑鞋不合脚”，一会儿说“运动服太土”，根本就不想跑。

对孩子说“不做也行”，冷处理也是一种方法

孩子找不行动的理由时，如果不从自身找问题，而是抱怨周围的环境，那么大人就不要管。任何事情本人不去主动解决，没有任何意义。

大人可以平静地对孩子说：“那你不做也行。”这样一来就不用再一一处理孩子的不满和抱怨，这一点很重要。

别人在要求命令我们去做什么事情时，我们往往也会变得不愿意行动，这在心理学上被称为“卡里古拉效应”（心理抗拒）。

例如，当别人说“千万不能看”，自己就会变得特别想看。日本传统故事《鹤的报恩》《浦岛太郎》都属于这一类型。

就在不久前，一位搞笑艺人大喊着“禁止玩 XX（游戏名字），绝对不能玩！”的游戏广告引起了热议。这正是反向利用人们的抗拒心理。

人们都有喜欢自己思考、按照自己意志行动的欲求，因此，当别人说“禁止做某事”时，就往往感觉自己的意志和行动的自由被剥夺了，就会为夺回自由而打破禁令。

当父母给孩子发出“赶紧学习”“不练习不行”等强制性的指令时，孩子立马变得没有干劲也是出于这样的原因。人被强制压迫时就格外想采取反向行动，可以说这是人的本能。

像航平这种情况，父母越说“不练习怎么能行”，航平就越不想练，反过来，如果父母说“你要是这么多不满的话，不做也可以”或是“没有必要练习”，他的脑海中就越是会浮现练习的场景。

慢慢地，孩子自己会开始反省：不练习真的可以吗？父母在一旁默默地守护，不久之后孩子应该就能自己开始行动了。

正如前述，不论是学习还是运动，父母一味强制只会产生反作用。如果想让孩子去做些什么，就牢记一定不要用命令的语气。

NG

- 你说过要干，就赶紧去干。
- 那你去买喜欢的鞋和衣服吧！

OK

- 不用练也行。
- 不做也可以。

交流要点

- 不去处理孩子的抱怨和不满。
- 人一旦被强制就会失去干劲。
- 别人不让做什么，反倒越想跃跃欲试。

主动性篇 / 06 /

担心孩子这一点

做任何事情都游刃有余，但没有远大目标

小凑学习和运动成绩都还不错，朋友关系也很好。在田径队里作为长跑运动员也非常努力，孩子本身没有太大问题，就是没有任何远大目标，让人担心。

营造一个能激发孩子好奇心的环境

与其强迫孩子树立未来目标，不如给孩子创造机会，多积累一些能够产生梦想和目标的经历。大人可以让孩子多经历一些事情，打开眼界。只有当孩子知道了“竟然有这样的世界”“竟然有这样的工作”的时候，才会产生梦想和目标。

父母可以若无其事地把一些图鉴、传记、介绍工作的纪实作品放在孩子周围，也可以带着孩子参观实际工作的人们。现在出现了很多能够让孩子体验工作的主题乐园，也有企业专门提供类似的体验场所。

另外，如果孩子喜欢运动，大人就可以与孩子一起去看比赛或是专业运动员的训练。如果孩子喜欢音乐，就带孩子去听音乐会或演唱会。美术馆、博物馆、海洋馆、动物园……慢慢地带着孩子都转一转。

仔细观察孩子具体对什么感兴趣，并努力打造一个易于发展该兴趣和好奇心的环境。

当然，梦想和目标、工作无关也没有关系，想帮助世界上贫困的人，想挖掘未知的恐龙化石等，想变成这样的人，想做这样的事，这些都是可以的。

无论孩子有什么样的梦想，什么样的目标，父母都要全力支持，不能对孩子说“你不适合”或“那不太可能”等碾碎孩子可能性的话语。父母自身也要去除掉自我限定的盖子。

当然，梦想和目标都是由孩子自己去选择，不要因为这是家业、这是父母的梦想而强加给孩子。

在体育的世界里，也有这样的例子，明明孩子不喜欢，却因为是父母参加过的项目所以强迫孩子参加，甚至有孩子因此得了抑郁症。“运动”一词源于拉丁文的“deportare”，是“散心、快乐、游戏”的意思。运动本来就是一件让人欢呼雀跃的事情。

没有任何一件事比不能自己决定自己的未来更可悲的事情了，父母最大的期望，不应该是金牌，而是孩子的幸福。

NG

- 你没有梦想也没有目标吗？
- 你来实现我们的梦想吧！

OK

- 我们去见见各种各样的人，去听听他们的故事吧！
- 感兴趣的事情就做个痛快。

交流要点

- 鼓励孩子经历各种各样的事情，扩展孩子的无限可能性。
- 支持孩子的梦想和目标。
- 父母抛弃自私，为孩子的幸福考虑。

主动性篇 / 07 /

担心孩子这一点

不轻易表达自己的意见

亚由美总是畏缩不前，在学校从未举手发过言，在家里也是，从来不表达自己想做什么，父母有些不耐烦。

不强迫孩子开口，但父母要努力增加交流机会

亚由美一定是觉得自己说错了就会被批评，所以不能说。或者可能是就算是说了也没有人听，甚至曾经有过蒙羞的经历。

一定是有什么缘由变成现在这样，父母首先要询问这一点。

“为什么不表达自己的想法呢？”

如果孩子总是沉默不语，那么也不要强迫孩子开口。父母一旦说出这样的孩子不行，那孩子就更不会开口了。

这时候，父母可以以“不必勉强说”或“如果想起什么来了，那就告诉我们”这样的方式直接结束对话。如果父母能够用一种轻松愉快的语调说话，那么孩子也就能放心一些。

另外，要努力增加家庭内部交流的机会，特别是在提问方面也要多动脑筋。

如果提问的问题单纯用“是”或“不是”就能回答，那就没办法聊得尽兴。例如，问:“今天学校食堂的饭好吃吗？”回答一般就是“嗯”，或是“不好吃”，然后对话就结束了。但如果这样问：“今天学校里的饭怎么样？”有的孩子就会回答具体有什么饭菜，也有的孩子会回答吃饭的时候发生了什么事情。像这样，又会产生新的对话。

还有，在创造轻松易于谈话的氛围时，可以选择孩子比较关心的话题。

比如，孩子有喜欢的偶像团体，可以这样问:“我觉得这里面润最帅，亚由美你觉得呢？”这时候无论孩子回答什么，都不要反驳，也不要否定。

看法没有对错，无论什么看法都是可行的，把这件事情告诉孩子，渐渐地孩子讲话的机会就会越来越多。

NG

- 有什么意见赶紧说呀！
- 你到底在想什么？

OK

- 如果有什么想法，可以尽管跟我说。
- 正确答案，不止一个。

交流要点

- 不要强迫孩子讲话。
- 接受并尊重孩子的看法。
- 当孩子讲出自己独到的看法时，要鼓励夸奖。

担心孩子这一点

总是被周围的人左右，自己没有主见

绫乃属于非常老实不太显眼的孩子，无法清楚表达自己的意愿。一旦被朋友邀请，即使不想去也无法拒绝，总是跟在班里老大的后面。

从赞扬日常生活中的小事做起，增加孩子的自信

像绫乃这样没有主见的孩子不在少数。前来咨询的人也有沉默不语的孩子，无论我问什么，都只是“嗯……”，弄得最后我也只能用“嗯——”来回应。

后来我就问他：“你因为什么过来的呢？”

“我被爸爸妈妈带过来的。”

“那为什么必须要按照爸爸妈妈说的做呢？”

“嗯……”

就像这样，他心里自我限定的盖子就会慢慢打开。**即使不回答什么，只要他开始思考就可以了。**

另外，我对他的父母这样说：“如果孩子不主动来，那么指导的效果就很难发挥出来。”

在父母比较强势的情况下，孩子容易变成这样。可以回想一下，自己之前对孩子有没有超出必要地插手、插嘴的情况发生。

在这种家庭氛围中成长的孩子，自尊感很低，对自己没有自信。**无论自己说什么，反正没有人听，总是想着自己的想法可能是错误的，会被厌弃的**，因此只能对周围的人言听计从。

父母要尽量对孩子说类似于“你是个温柔体贴的孩子”“很坦率”“很有毅力”等夸赞孩子的话语，经常对孩子说“我喜欢你”“我很爱你”“我相信你”等表达关爱、支持的话语，以建立良好的亲子关系。当孩子真正感受到父母的爱时，自我印象也会发生改变，从而变得更有自信。

父母还可以这样跟孩子说：“今后，好好表达自己的心情也很重要。在传达给别人之前，先把自己的心情写在笔记本上吧。”建议孩子从比较容易实现的事情开始，慢慢改变自己。

NG

- 你为什么老是对那个孩子言听计从啊！
- 你要是不愿意的话就直说呀！

OK

- 你真的很体贴别人。
- 如果你不想说出来，可以尝试把自己的心情写在笔记本上。

交流要点

- 提高孩子的自尊感非常重要。
- 平日留心多夸奖孩子做得好的方面。
- 支持孩子自主行动。

column

你是让孩子幸福的合格父母吗？

至此，我以回答父母担心的事情的形式，讲述了激发孩子积极性的方法。那么，最后我想问一下父母。

“你是让孩子幸福的合格父母吗？”

父母对孩子的影响非常大。常言道“孩子是父母的镜子”，父母的价值观和言行会直接反映在孩子身上。脑科学也证明了这一点，人类的大脑中有被称为模仿细胞的“镜像神经元”，孩子总是注视着身边父母的一言一行，从父母那里潜移默化地学习和成长。所以，如果孩子身上发生了什么事情，一定有父母的影响投射在上面。

前来参加我研讨会的很多父母，总是出于好心把自己的成功体验强加给孩子，或者拼命让孩子走在自己铺好的轨道上。如果孩子不按照自己的想法去做，那么就会对孩子不满，训斥孩子。

即使我委婉地指出，如果坚持这样做，而这又不是孩子的兴趣所在，那么孩子很快就会崩溃，但大人们还是不能接受。

于是，我就这样问道：“那么，10 年后、20 年后，如果没有你，你的孩子能幸福地生活吗？”听到这里，对方就沉默不语了。

养育孩子的最终目的，不就是让孩子自立，能够通过自身的能力继续走下去吗？如果父母过度干涉，强制压迫，就无法培养孩子的主动性和热情。如果想改变孩子，那么父母就要先改变自己的思维和言行才行。

那对于最开始我提出来的问题，你的回答是什么？

回答“不是”的父母们也不要灰心，因为在这一瞬间，你肯定在想“今后该怎么做才好”，这就很好了。请把自己认定为“和孩子一起成长的父母”而不是“一无是处的父母”，一定相信自己“我也有成长的可能性”。如果有空闲时间，每天都可以问问自己：“我是让孩子幸福的合格父母吗？”

对所有奋战在养育孩子一线的父母们，我想说这样一句话：

“请用全部的真心，爱真实的孩子，爱真实的自己。”

写在最后

开启孩子干劲的开关，到底在什么地方？

对此最清楚的，不是我这样的心理辅导教练，而是离孩子最近的你们。

希望你能回想起来，孩子第一次笑，第一次哭，第一次厌烦，第一次撒娇，第一次……

一起经历这所有“第一次”的，肯定就是养育孩子的你们。

在这一前提下，我问一个问题：“是否存在没有干劲的婴儿？”

我想这个婴儿搜遍全世界，都不会存在。每一个呱呱坠地的婴儿，都会以充满干劲的姿态活在这个世界上。这份对世界的热情是什么时候消失的？**曾经好奇心旺盛、元气满满、活泼好动的婴儿，随着成长为何会变得越来越消沉呢？**我想请大家仔细想一想。

在做咨询辅导的时候，有时会遇到被父母强迫的孩子、被父母带过来的孩子、被父母吓得瑟瑟发抖的孩子……其实他们内心深处都有着欢欣雀跃的心情，但是必须要隐藏起来。这些孩子总是害怕显示真实的自己会被父母训斥……当我看到这样的孩子，看到他们尽管如此但是仍旧很努力的样子，让我心痛不已。每每看到这种情形，我都忍不住要支援他们，忍不住想对他们的父母唠叨诉说，去真正了解孩子，读懂他们的心。

正是因为看到了这么多现场的我，才有如此心情，那就是“心理教练的界限”。光凭我们心理教练的一己之力，孩子在真正意义上是不会改变的。**如果在身边支持他们的父母和指导者的观念不改变，那么就无法从本质上解决问题。**

如果这本书能成为各位家长自身改变的契机，那我就很满足了。

最后，感谢以 KANKI 出版社的镰田先生为代表协助我们调研的各位。还有，特别感谢全心全意支持我的妻子。感谢你们！

铃木飒人

图书在版编目（CIP）数据

开启孩子干劲的开关 /（日）铃木飒人著；陈静译．
-- 北京：中国民族文化出版社有限公司，2023.5
ISBN 978-7-5122-1701-0

Ⅰ．①开… Ⅱ．①铃… ②张… Ⅲ．①家庭教育－教育心理学 Ⅳ．① G780

中国国家版本馆 CIP 数据核字 (2023) 第 049739 号

NOUKAGAKU X SHINRIGAKU UCHINO KO NO YARUKI SWITCH WO OSU HOUHOU, OSHIETEKUDASAI! by Hayato Suzuki

First published in Japan by KANKI PUBLISHING INC., Tokyo.

This Simplified Chinese edition is published by arrangement with KANKI PUBLISHING INC., Tokyo in care of Tuttle-Mori Agency, Inc., Tokyo through Pace Agency Ltd., Jiang Su Province.
著作权合同登记号：图字 01-2023-0566

开启孩子干劲的开关
Kaiqi Haizi Ganjin de Kaiguan

作　　者：［日］铃木飒人
翻　　译：陈　静
责任编辑：张晓萍
装帧设计：姚　宇
责任校对：李文学
出　　版：中国民族文化出版社
地　　址：北京市东城区和平里北街 14 号（100013）
发　　行：010-64211754 84250639
印　　刷：小森印刷（北京）有限公司
开　　本：880mm × 1230mm 1/32
印　　张：6.5
字　　数：120 千
版　　次：2023 年 5 月第 1 版第 1 次印刷
标准书号：ISBN 978-7-5122-1701-0
定　　价：59.80 元